Mateya Na Bakolinti na Yambo
– Eteni wa 1 –

Mateya Na Bakolinti na Yambo
– Eteni wa 1 –

Dr. Jaerock Lee

MATEYA NA BAKOLINTI NA YAMBO: Eteni 1
na Dr. Jaerock Lee
Ebimisami na BA Buku Urim (Representante: Johnny. H. Kim)
235-3, Guro-dong 3, Guro-gu, Seoul, Coree
www.urimbook.com

Droit D'auteur. Buku oyo to mpe eteni na yango ekoki na kobimisama soko te, kofandisama kati na systeme moko na kobimisa ebele , to mpe kopesama na lolenge soko nini to mpe, na lolenge na electronique, mecanique, photocopie, enregistrement to mpe nini, soki nzela epesami na mobimisi na yango te.

Makomi isantu nioso mazwami kati na Biblia Esantu iye ibengami, NEW AMERICAN STANDAED BIBLE, ®, Copiright © 1960, 1962, 1963, 1968, 1971, 1972, 1973, 1975, 1977, 1995 epai na Fondation Lockman. Isalemi soki nzela epesami.

Droit d'auteur @ 2015 na Dr. Jaerock Lee
ISBN: 979-11-263-1381-5 03230
Mobongolami na Dr. Esther K. Chung. Used by permission.

Liboso ebimisamaki na Ki Coree na Ba Buku Urim, na Seoul, Coree. Droit d'auteur@2008 na Dr Jaerock Lee, ISBN: 89-7557-044-4, ISBN: 89-7557-060-6

Kobimisama na Liboso na 2010

Edition naDr. Geumsun Vin
 Disin na Bureau d'Edition ya Ba Buku Urim
Mpona Koyeba Mingi Zua contact na: urimbook@hotmail.com

Ekotiseli

Etambwisi na Molimo mpe na Mosuni mpona Bandimi

Bato oyo bakobikaka na mokili na lelo bakoki komitunuka to mpe kozala na kowelana kati na bango moko likolo na yikiyiki kati na bizaleli. Yango oyo epekisamaka kaka epai na bango bandimeli naino te, kasi biso nioso tokoki kokutana na makambo mingi ata na tango tozali kobika bomoi na kati na kondima. Makambo mana makoki kozala koboyana, bokeseni kati na lolenge na komona, kofundana na bazuzi, libala to mpe bokabwani.

Moyini zabolo mpe Satana bakobaka na komeka bandimi mpona komema bango ete babika libanda na Liloba na Nzambe. Na boye ba oyo bakomekaka kobika kolandisama na Liloba na Nzambe bakoki kozala na mituna mpona Liloba mpe lolenge na kosalela yango mpona kosilisa makambu.

Yango mpe ezalaka bongo na lingomba na Kolinti. Kolinti

na eleko na Paulo ezalaka mboka na misala mingi na bato ebele mpenza na bokoko llolenge na lolenge mpe na bituka na butuka. Ezalaki na bokeseni na bokonzi mpe bato bazalaki kongumbamela banzambe ebele. Ezalaki mpe na bizaleli mingi na makambo na nsoni.

Bandimi kati na lingomba na Kolinti kobika na esika na makambo na lolenge eye bazalaki na kowelana mpe na makambo mingi. Lisusu, mpo ete lingomba ebandisamaki sika, bazalaki na pasi mpona kobika bomoi kati bondimi. Mpona kosunga bango mpo ete babika bomoi na bakoli kati na Bokristu, Ntoma Paulo apesaki ebele na bango biyano kati na Biblia mpona biyano mpe makambo na lolenge eye.

Biyano wana mpe nzela mpona kosilisa ebele na ba kokoso miye mikoki kosallema na bomoi na bison a mokolo na mokolo mikomami kati na mokanda na liboso na Paulo na lingomba na Kolinti eyebana lokola 1 Bakolinti. Kati na mokili na bato na lelo ezali motuya mpona biso toyekola mpe tososola na bokebi makambo kati na yango.

Buku ooyo, Mateyya na Bakolinti na Yambo, elimboli lolenge nini mpona kososola mpe kosalela makambo matali kowelana, Sango Malamu, libala, kosambela bikeko, mpe makabo na molimo. Bokokoka kobika bomoi kati na Christu na nguya makasi soki bokutani na nzela malamu mpona kososola likambo na bino na nzela na Liloba na Nzambe.

Napesi matondi epai na Geumsun Vin, motambwisi na bureau na Ba Buku Urim mpe basali nioso, mpe Nabondeli na nkombo na Nkolo Yesu Christu ete batangi nioso bakososola malamu mingi mokano na Nzambe mppe basalela yango mpo ete bakoka kozwa Ebele na mapamboli na Nzambe.

Dr. Jaerock Lee

TABLE DE MATIERES

Ekotiseli

Bomanyoli na Episico na Liboso na Bakolinti

Chapitre 1
Paulo Akomi Ntoma na Mokano na Nzambe · 1

1. Ntoma mpe Mosali na Nzambe
2. Lobiko na Nzela na Nzambe Misato
3. Mpona Bango Nioso Bandima
4. Christu Azali Bwanya mpe Nguya na Nzambe
5. Bomilakisa Kati na Nkolo

Chapitre 2
Bwanya na Nzambe · 51

1. Kotalisama na Nguya na nzela na Molimo
2. Nzella na Ekulusu, Bwanya na Nzambe
3. Ngolu na Nzambe Esosolami na nzela na Molimo Mosantu
4. Makambo na Molimo Masosolamaka na nzela na Molimo

Chapitre 3

Tozali Tempelo na Nzambe · 87

1. Ingomba na Bakolinti Ezalaki na Mosuni
2. Nzambe Amemaka Bokoli
3. Motondi Mokolo na Mayele
4. Mosala na Moko na Moko
5. Kobuka Tempelo na Nzambe
6. Mayele na Mokili Ezali Bolema

Chapitre 4

Bozala Balandi na Ngai · 131

1. Bosenga mpona Basali oyo Bazali baton a Molende
2. Lolenge nini Moto Andimisamaka?
3. Boleka na Liloba Te
4. Bozala Balandi na Ngai
5. Nguya mpe Makoki na Nzela na Bokonzi na Nzambe

TABLE DE MATIERES

Chapitre 5

Mateya mpona makambo matali pite · 173

1. Lolenge nini na kosala mpona Pite
2. Bokabwana na Mfulu na Kala
3. Bomisangisama ten a Bato na Pite

Chapitre 6

Kofundana epai na Basambisi kati na Bakristu · 203

1. Makambo kati na Bandimi na Ligomba
2. Basantu Bakosambisaka Mokili
3. Mpona Nsoni na Bango
4. Masumu makomemaka na Kufa
5. Nini Tosengeli Kobika Mpona Yango?
6. Ndumba na Molimo Elakisi Nini

Chapitre 7

Libala · 235

1. Bomoi na Libala Elingamaka
2. Limbola na Molimo Mpona 'Kobebisama'
3. "Nakolinga ete Bato Nioso Bazala Lolenge Ngai Nazali"
4. Bokabwani
5. Kolandisama na Etape Kati na Kondima
6. Bokeseni kati na "Misala na Komonana na Miso" mpe "Kobatela Mibeko"
7. Ezali Malamu Mpona Moto Kotikala Lolenge Ezali Ye
8. Mpona Oyo Etali Baboti na Mwana Mwasi Moseka to mpona Basi Bakufeli Mibali to Mobali Akula Mwasi

Kolobela Kati na Episco wa Yambo na Bakolinti

1. Mpona Mokomi na Episico na Liboso na Bakolinti

Mokomi na Episico na liboso na Bakolinti ezali Ntoma Paulo. Liboso na Ye Kondimela Yesu Christu, nkombo na ye ezalaki Saulo. Ye Abotamaka na Talasia na Silisia mpe azwaki malakisi nan se na Gamalia. Gamalia azalaka molakisi na Mobeko oyo azalaki kotosama mingi na bato.

Mpo été atangaka na nse na molakisi aleka na tango wana, boyebi na Paulo mpona makambo na Philosophie ezalaka malamu mingi. Alingaka Nzambe mingi mpenza mpe abatelaka mpenza Mobeko.Bakoki koloba été ye azalaki Moebele na Baebele' Azalaki moto na likolo mpe azalaki mpe Moloma mpe ye azalki mpenza na mikanda na moto kati na Bokonzi na Baloma.

Liboso na ye kokutana na Nkolo Yesu, Saulo azalaka

konyokola bandimi kati na Nkolo. Akanisaka été bandimi na Nkolo bazalaki likama mpona boyambi na Bayuda mpe azwaki moto kati na konyokola mpe kotia bango kati na boloko. Akutanaka na Nkolo Yesu Christu na nzela na ye kokenda na Damaseke. Azalaki kokenda kuna na mokanda na mokomamaki nan ganga Nzambe mokonzi mpona kokanga bandimeli mpe bbalandi na Yesu. Mpo ete Nzambe Ayebaka bolingo eye Paulo Azalaki na yango mpona Ye, Aponaki Saulo mpona kokomisa ye ntoma. Nzambe Atikai ye pembeni longwa ebandeli na tango mpo ete Ayebaka ete Akotubela mpe akokoma na bosembo mingi mpona Nkolo Yesu soki akokaki kaka kokutana na Ye.

Saulo ayaka koyebana lokola 'Paulo.' Asalaka na molende, ata na pembeni na kufa, lokola ntoma na Bapaya.' Atiaka moboko mpona kopalanganisa Sango Malamu kino na nsuka na mokili na nzela na misala na mibembo ma ye misato mpe afandisaki ebele na mangomba kati na Asia na Kati mpe na Hela. Longwa tango wapi akutanaka na Nkolo, ntoma Paulo amikabaki mobimba mpona Nkolo na bommoi na ye nioso mpe akokisaki na mobimba mpenza mosala na ye lokola mosali na Nzambe mpe lokola ntoma.

2. Kolinti

Kolinti ezalaka mboka monene na eteni na ngele na Hela. Na ntango na Paulo Kolinti ekonzamaka na Bokonzi na Baloma. Ezingamaki na mai monana na bangambo misato;

ebimelo na tango, ekoteli na ntango, mpe na ngeli. Asia ezalaki mozalani na ye na esika na likolo, mpe Loma na ekoteli na tango. Esika na bozali na yango etiaki yango katikati mpona bombongo kati na Asia mpe Loma.

Ezalaki na misala mingi mpe mboka na bofuluki mingi mpona bombongo, eye etondisamaki na bakalaka na mbula matari, basoda, batekisi, mpe baton a ba masuwa kowuta na bisika na bisika kati na Boonzi na Loma. Ebele na mimekano na kopota mbangu ezalaka kosalema kuna, mpe ekendaka mpe sango mpona kotonga na ba ndako mpe bikeko. Na bongo bizaleli na pite mpe ekolaki, mpe bato bamibebisaki mpona makambo na nsoni.

Ezalaki na ba tempelo koleka 30 ba banzambe na bapaya ata tempelo na Aproditi. Bato bakosala bikilakila na bango kuna liboso na bango kokende kotekisa. Mboka ebebisamaki na misala na nsoni nde ezalaki na ba ndumba koleka nkoto moko pembeni na tempelo na Aproditi.

3. Boyokani kati na Lingomba na Kolinti mpe Ntoma Paulo

Zingazinga 50 AJC, ntoma Paulo ateyaki Sango Malamu na Kolinti elongo na Sila mpe Timote na mobembo na ye na mibale na mosala mpe atelemisaki lingomba. Afandaka na ndako na Pricilia mpe Aquila mpe ateyaki Sango Malamu na tango moko kosala milako.

Na ebandeli, ateyaki na tempelo na Bayuda. Kasi mpona

kotelemelama na Bayuda, afandaki mbula moko mpe ndambo kati na ndako na Tito Justus na tango ezalaki ye kotia moboko na lingomba. Ebele na bandimi bazalaki bapaya, kasi ezalaki mpe na ndambu na Bayuda.

4. Ngonga, Esika, Ntina na Bokomi na Buku

Buku na 1 Bakolinti ezali episico, to mokanda, eye ntoma Paulo akomaka na Efese na tango na mobembo na ye na misato na mosala, na ba tango pembeni na 55AJC. Bndimi kati na lingomba na Kolinti bazalaki komeka kobika na bonzambe kasi bazalaki kokutanna na ebele na makambo likolo na makambo nza nsoni mpe kobebisama na nioso oyo ezalaki kozinga bango.

Kowelana etelemaki kati na bazwi mpe bandimi na babola, mpe ezalaki mpe na makambu etali kofundana epaai na bazuzi kati na bandimi. Ezalaki b aba kokoso na mabala, makambo mpona komibatela moseka, mpe makambo mazalaki kobima mpona bilei mibonzamaki naa bikeko. Ntoma Paulo akomaki mokanda oyo mpona kopesa bango biyano malamu mpona makambo mana.

5. Lolenge na Makambo Malobami kati na 1 Bakolinti

Ba buku na Baloma mpe na Bagalatia kati na Biblia malobeli mingi makambo na doctrine. Kasi Episico na liboso na Bakolinti elobeli mingi na makambo matali bomoi. Kati na bandimi, 1 Bakolinti ezali buku na eyano esengela mpona makambo oyo bandimi bakoki kokutana na yango na moto na moto to mpe mpona lingomba mobimba.

Epesi biyano malamu mpona makambo lokola bokabwani na bato kati na ligomba, kosalela mabe makabo na molimo, libala, Elambo Esantu, 'bilei mibonzamaki na bikeko', mpe lisekwa. Na bongo, soki tososoli malamu buku oyo na 1 Bakolinti, ekozala lisungi monene kati na boomoi na bison a Bakristu mpe tokokoka kobika bomoi epammbolama na kososolaka mokano na Nzambe malamu.

Chapitre 1

Paulo Akomi Ntona na Mokano na Nzambe

Ntoma mpe Mosali na Nzambe

Lobiko na Nzela na Nzambe Misato

Mpona Bango Nioso Kondima

Christu Azali Bwanya mpe Nguya na Nzambe

Tomilakisa kati na Nkolo

Ntoma mpe Mosali na Nzambe

Paulo,oyo Yesu Christu Abiangi ngai ete nazala ntoma mpona mokano na Nzambe, mpe ndeko Sosotene(1:1)

Nkombo na ntoma Paulo liboso na ye kokutana Yesu Christu ezalaka Saulo. Azalaka kokanga bayekoli na Nkolo mpe kotia bango kati na boloko. Saulo azalaki moto makasi na mibeko mpe epai na ye ezalaki kotuka Nzambe soki moto alandi Yesu lokola Masia.

Ezali lolenge moko na baton a mibeko na lelo. Bango bakolimbola Biblia kaka na mosuni. Bakosambisaka mpe kokatelaka mabe ba oyo bazali kotalisa misala na nguya na Molimo Mosantu na nzela na bilembo mpe bikamwiseli lokola oyo ekomami kati na lingomba na ebandeli mpe bakobengaka yango ete bokoko.

Nzambe Ayebaka nioso. Ayebaki ete siki kaka Paulo

akutanaki na Yesu akotubela mpe akokoma mosali na sembo na Yesu Christu. Yango ntina aponamaka liboso na tango kobanda lokola ntoma mpona Bapaya. Wuta akutanaka na Nkolo na nzela na ye na Damaseke, akomaki mosali na sembo na Nzambe mpe akabaka bomoi na ye mobimba mpona Nkolo.

Mosali azali moto oyo akkangemi na nkolo na ye mpe akoolandaka mokano na nkolo na ye. Nkolo kati na lingomba ezali Nzambe, mpe mosali oyo azali kosakola Sango Mmalamu asengeli kotosa Liloba na Nzambe.

Lolenge Mitano na Basali na Nzambe

Kati na eteni 1, Pauulo alobi ete abengamakka lokola ntoma na Yesu Christu na mokano na Nzambe.' Tokoki te kokoma ntoma na mokano na biso moko; tosengeli kobengama na mokano na Nzambe.

Lelo, ezali na ba Pasteur oyo bakomi basali na Nzambe na mokano na Nzambe, kasi ezali mpe na basusu oyo bakomi bongo te. Tokoki koloba ete ezali na maboke mitano na ba Pasteur mpe basali na Nzambe.

Na liboso bazali ba oyo babiangami na Nzambe Ye Moko. Na mibale bazali ba oyo bamikabaki bango moko na ngolu na Nzambe. Misato bbazaali ba oyo bakomi bongo na kotindikama na basusu. Minei ezali ba oyo bakomi basali na Nzambe kaka lokola mosala, mitano ezali ba oyo bakomi bongo na nzela na misala na Satana.

Ba oyo Basengelaki te Kokoma ba Pasteur

Soki moto akomi Pateur mpona kopusama na baboti ba ye to mpe baninga na ye, makambo makoki kozwama. Ndakisa, toloba ete moto azali na bofuluki te kati na mimbongo na ye mpe mingi mingi makambo matambolaka malamuu te mpona ye. Sik'awa toloba ete mmoto na lolenge wana akeii na esika na kobonndella mppe azwi lisakoli na libondeli epai na pateur kuna kolobaka ete, "Oponama na Nzambe lokola mosali na Ye. Yango tina okweyaka kati na komeka na bombongo na yo nioso."

Bongo moto yango akoki kozongisa ete, "Bongo yango ekoki mpenza kozala bongo? Nakanisi ete yo okoki kozala malamu mpo ete nalonga mpenza te na eloko soko nini. Tango mosusu ezali solo ete Nzambe Andimelaki ngai te nazala na bofuluki na bombongo mpo ete Akoka kokomisa ngai mosali na Ye!"

Bato misusu bakomakka ba Pasteur mpo ete bato misusu batindikaki bango na nzela wana. Ezali te mmpo ete bango balingaka Nzambe. Ezali malamu te kokoma Pasteur na bobangi mpe na koyoka lokola totindikami mpona kosala yango. Kati na Biblia, tokoki komona Nzambe kobianga mpe kosalela ba oyo bazalaki na mayele mpe na makoki. Abengaki te ba oyo bakweyaka kati na mokili to mpe bakokaki te mpona kokokisa eloko soko to nini mpona bango moko.

Lisusu, bato misusu bakomaka ba pateur kaka mpona mosala kokanisaka ete soki bazali ba Pasteur bakoki kosalela misolo na mabonza lolenge elingeli bango.

Lisusu, na ba tango misusu moyini zabolo mpe Satan a ba ningisaka mpe ba tindikaka bato misusu mpo été bakoma ba pasteur mpona ba ntina ebele. Satana atungisaka bokonzi na Nzambe na nzela na baton a lolenge oyo.

Molongo kati na Lingomba

Ebele na bato bamitunaka mpona oyo etali molongo kati na lingomba mpe na bokonzi na yango ete, "Soki bato nioso kati na lingomba bakokani na miso na Nzambe, bongo mpo nini tosengeli kozala na mabonga ebele lokola Pasteur, diacre, ba mpaka mpe bongo na bongo? Tokoki kososola ete ata kati na libota ezalaka na molongo na mpifo. Yambo ezalaka na batambwisi na libota, tata mpe mama, nde ata kati na bandeko ezali na molongo kati na bandeko babali mpe bandeko basi.

Bongo boniboni soki moto kati na libota azwaki mosala na tata? Bongo lolenge kani soki basali nioso kati na mosala bazwaki esika na PDG? Bongo, lolenge nini bakoki kokokisa eloko? Liboke nioso to mpe lisanga nioso esengeli kozala na molongo na bokonzi mpe botambwisami, mpe esengeli na bango kolanda yango mpo ete lisanga etikala na kosala mosala na yango.

1 Bakolinti 12:28 elobi ete, "Mpe Nzambe Atii ba oyo boye kati na lingomba; na liboso bantoma, na mibale basakoli, na misato balakisi, na nsima basali na bikamwiseli,, na nsima

babikisi, na nsima basungi mpe babongisi mpe balobi na maloba na ndenge na ndemge." Na bongo, kati na molongo eye epesami tokoki komona ete ba oyo bazali na likabo na kobikisa bayaka nsima na bantoma, basakoli, balakisi, mpe basali na bikamwiseli.

Kasi lelo, bato misusu baboyaka molongo na lolenge eye mpe bakomemaka makambo. Ndakisa, na tango moto azwi likabo na kobikisa, akosalela yango mpona nkembo na Nzambe te na kolandaka molongo kati na lingomba, kasi akoma na lolendo mpe kotala pamba Pasteur mpe akosambisaka ata bango basusu. Bato misusu balobaka ete bazali kosakola mpe bakomemaka bokabwani na kosangisaka bato kati na etuluku moko to mpe etonga mosusu. Makambo na lolenge eye masengeli te kosalema kati na mangomba.

Nani Asengeli mpona Kobengama Ntoma?

Ntoma azali moto oyo azali na mokano na ye moko te, kasi azali kokokisa mokano na mokolo to mpe na molakisi na ye na mobimba na yango. Na bongo, ezali na ebele na ba Pasteur, kasi nioso kati na bango bazali ba ntoma te.

Lolenge nini tokoki kolanda mokano na Nzambe mpe kokokisa yango nioso? Likolo na nioso tosengeli kozala na motema na Nkolo mpe to santisama nye. Tokoki kosala oyo esalaki Yesu kaka na tango oyo, na nzela na kobulisama na motema, tozwi likabo na kobikisa, totalisi likabo na kosalaka misala na bikamwa, mpe tosaleli likabo na koyekolisa. Bongo nde tokoka kobikisa mobeli, tokangola monyololo na bozangi sembo, mpe tobongola milimo na Liloba na Nzambe mpona kopesa na bango mposa na kobika na mokano na Nzambe.

Tomoni nkombo 'ntoma' kaka sima na Nkolo Yesu koya. Bongo, nani ezalaki Mose na Kondimana na Kala? Moto akoki komituna soko nani azalaki monene na koleka mosusu. Ezalaka Mose, to mpe Paulo, Sosotene, mpe Timote? Mpo ete bango bazalaki bantoma, ezalaki bango monene koleka Mose?

Soki Mose Abotamaka na ekeke na Kondimana na Sika, alingaki mpe kobengama ntoma mpe lokola. Kati na Kondimana na Sika Nkolo Azalaki na bayekoli mpe alakisaki bangi. Bongo bango nioso oyo bazali na Nkolo lokola Molakisi na bango mpe bakokisaki mokano na Ye bazalaki bantoma. Kasi kati na Kondimana na Kala, Mose azalaka na molakisi te alakisamaka na Nzambe Ye Mei.

Solo solo Mokonzi na Mboka azalaka na moyekoli te. Lolenge moko, kati na kondimana na Kala, bazalaki kozwa na mbala moko emoniseli na Nzambe, bongo na tango wana nkombo ntoma ezalaki na ntina te. Kasi kati na Kondimana na Sika, ezalaki na bayekoli na Nkolo, nde babengamaki ba ntoma.

Yoane 14:12 elobi ete, "Solo solo Nazali koloba na bino ete, ye oyo akondimaka Ngai, misala mizali Ngai kosala, akosala yango mpe lokola, mpe akosala yango ekoleka oyo, mpo ete Nazali koknde epai na Tata."

Na boye, bantoma na solosolo babondelaka makasi, bazwaka nguya na Nzambe, mpe bamonisaka misala na nguya makasi kaka lolenge esalaki Nkolo. Babenganaka zabolo mpe babikisaka babeli. Babongolaka bato mpe bamemaka bango mpo ete babika kati na solo elongo na Liloba na Nzambe. Soki moto akokisi mpenza mpenza Liloba na Nzambe na mobimba na lolenge oyo, akoki kobengama ntoma.

Lobiko na Nzela na Nzambe Misato

Tokommeli bino lingomba na Nzambe lizali na Kolinti, bino babulami kati na Christu Yesu. Bobengami ete bozala sembo kati na batonioso ba oyo bakobeelelaka nkombo na Nkolo na biso Yesu Christu na bisika nioso. Ye Azali Nkolo na bango mpe na biso lokola. Ngolu mpe kimia izala na bin outa na Nzambe TATA na biso mpe Nkolo Yesu Christu. (1:2-3)

Eteni 2 elobi ete, "...bino babulami kati na Yesu Christu." Ezali kotalisa ba oyo nioso balongola nioso eye ezali kotelemela solo, bango oyo bamilatisi na solo, mpe bazali kobika kati na solo. 'Basantu' bazali ba oyo babulisami kati na solo. Bazali bango oyo bazali kobika kolandisama na Liloba na Nzambe.

Ba oyo bazali te kobika kati na Liloba, bazali ba oyo bakobi na kosumuka. Bazali bango oyo bazali kotuka, bakokomaka na zua, mpe bayinaka bandeko na bango babali. Babatelaka Eyenga bulee te, nde bakoki kozala 'bakendi na linngomba,' kasi na lolenge oyo, bakoki te kobengama ba santu. Bazali matiti mabe eye ekoki te kobikisama na miso na Nzambe.

Kati na eteni 3 ntoma Paulo azali kopambola bango oyo bakokendeke na lingoma mpe bakobundaka mpona kokoma bana babulisama na Nzambe. Apamboli bango mpo ete bazwa ngolu mpe kimia. Ata soki bakoki te kondimama mpona kobengama basantu, bango oyo bakendeke ndako na Nzambe mpe bakoti mayangani bakoya na kozwa kondima. Yango wana apamboli bango nioso na ngolu mpe kimia.

Awa, 'ngolu' etali na lobiko na Yesu Christu eye Nzambe Apesi na bison a pamba na motuya moko te eye ekoki kofutama na biso. Nzambe Apesi bomoi epai na biso mpe Abikisi bango kati na biso oyo bandimeli nkombo na Nkolo, ete Akufaki mpona biso mpe Asekaka. Yango ezali ngolu na Ye.

Soki tososoli solo na oyo Nzambe Azali, tososoli oyo ngolu na Ye ezali, toyebi lolenge nini tokoki kozwa mapamboli, mpe tosaleli Liloba na solo, nde wana kimia ekoyela biso. Ezali mpe lipamboli na Nzambe mpona kosunga Paulo ete akoma buku oyo kati na Biblia.

Nakotondaka Nzambe na ntina na bino ntango nioso mpona ngolu na Nzambe epesameli bino kati na Christu Yesu, mpo ete kati na Ye bosili kokoma bazui kati na bolobeli nioso mpe na boyebi nioso. Litatoli mpona Christu elendisamaki soko kati na bino Bongo bozangi likabo moko na Nzambe te awa ezali bino kotalela komonana na Nkolo na biso Yesu Christu. (1:4-7)

Ntoma Paulo azalaka koloba na tango nioso ete azali kopesa matondi na Nzambe. Biso ba oyo tobikisami na ngolu na Yesu Christu tosengeli mpe kopesa litatoli na lolenge moko.

Ezali na bato oyo balobaka ete bandimi bazali malamu mpona masolo, iyo, soki tolatisami na solo, tokozala malamu mpona koloba. Kasi ezali mpo ete Molimo Mosantu Azali kati na mitema na biso nde tokoki koloba malamu, kasi makoki na biso moko te. Bongo, at aba oyo na bizaleli na koyoka nsoni bakoki na makasi mpenza kotatola mpona Yesu Christu na tango eyekoli bango Liloba na Nzambe.

Eteni 6 elobi ete, "Litatoli mpona Christu elendisamaki solo kati na bino." Nini ezalaki litatoli eye Yesu Christu Azalaki na yango mpe endimisaki kati na biso ? Yesu Ayaka kati na mokili oyo lokola Mwana na Nzambe mpe Asikolaki biso na masumu na kokufa na ekulusu. Akokisaki mokano na Nzambe mpe Asekwaki. Sima Amataki na Lola, kasi liboso na komata na Ye Alakaki biso été Akozonga. Lokola ezali biso koyoka Liloba oyo na solo epai na ba pasteur mpe ba ndeko kati na kondima, kondima na biso ezali kokola mpe endimami. Yesu Akokisaka Mobeko kati na bolingo. Tokoki mpe kobika kati na Liloba na solo soki tolingi mpenza Nzambe na mobimba. Ba oyo bazali mpe kobatela Liloba na Nzambe bakozela mpe na motema mobimba kozonga na mobali na biso na libala, Yesu Christu lokola ekomama kati na Emoniseli 22 :20.

Biblia etalisi Nkolo lokola Mobali na biso na libala mpe bandimi basi na Ye na libala. Na bongo, kaka basi te, kasi bato nioso mpe lokola, batalisami lokola 'basi na libala na Nkolo'. Ba oyo bazali na likabo na bolingo, mingi mingi bango oyo babiki kati na solo, balikiaka mpe bazelaka Nkolo mobali na biso na libala, mpo été bazali komibongisa lolenge mwasi na libala akosala.

Boye, eteni 7 elobi ete, "Bongo bozangi likabo moko na Nzambe te awa ezali bino kotalela komonana na Nkolo na biso Yesu Christu'" Awa 'likabo' elakisi likabo na bolingo ekomami kati na 1 Bakolinti 13. Ezali likabo na kolinga Nzambe na motema na biso mobimba, mabanzo, mpe molema.

Ye Akolendisa bino kino nsuka ete bozanga ekweli na mokolo na Nkolo na biso Yesu Christu. Nzambe Akokokisa bilaka na Ye; Ye moko Abiangi bino ete bosangana na Mwana na Ye Yesu Christu, Nkolo na biso. (1:8-9)

Awa, 'Ye', oyo elakisi Nkolo, elakisi Yesu Christu mpe Molimo Mosantu na mbala moko. Tokoki te kozala mosika na kobika na masumu soki lisungi na Molimo Mosantu ezali te. Molimo Mosantu Apesamaka na biso lokola likabo na tango tondimeli Yesu Christu. Molimo Mosantu Asungaka biso mpona kososola solo mpe kozala na makoki na kobika kati na Liloba.

Eteni 8 elobi ete, "Ye Akolendisa bino kino nsuka été bozanga ekweli na mokolo na Nkolo na biso Yesu Christu." Mokolo na Nkolo na biso elakisi mokolo na kozonga na Yesu Christu, to Mokolo na Esambiseli. 'Bino' na eteni oyo elobeli kaka bandeko na lingomba na Kolinti te kasi mpe bana na Nzambe nioso.

Tozwaka lobiko na nkombo na Yesu Christu. Bongo, tokoki kaka kozwa lobiko na nzela na Yesu Christu na kolongola Nzambe? Yesu Christu Ayaka kati na mokili oyo na nzela na bolingo na Nzambe, mpe tobikisami mpo ete Yesu Christu Asikola bison a masumu.

Yango elingi te koloba ete tokoki kobikisama kaka na Nzambe mpe Yesu Christu. Tokoki te kobikisama soki Molimo Mosantu Azali te kuna mpona kosunga biso. Na tango ezali biso kotubela ete tozali basumuki mpe na komikitisa tondimi Yesu Christu lokola Mobikisi na biso, Molimo Mosantu Ayaka kati na motema na biso mpe Akotambwisa biso mpona kobika kati na solo. Atikaka biso tososola mpona lisumu, bosembo, mpe kosambisama, mpe Apesaka biso ngolu mpe makasi mpo ete tokoka kozala ngwi kati na kondima mpe tozwa lobiko.

Na bongo, tosengeli kososola ete tobikisama na nzela na Nzambe Misato, na koloba, na nzela na Tata, Mwana, mpe Molimo Mosantu. Kino tango na kosambisama, Yesu Christu mpe Molimo Mosantu Bakolendisa biso mpona kokomisa biso bayengebene kino suka.

Eteni 9 elobi ete, "Nzambe Akokokisa bilaka na Ye; Ye moko

Abiangi bino ete bosangana na Mwana na Ye, Yesu Christu Nkolo na biso." Elobi ete, 'Abiangi bino' mpo ete Nzambe Abiangaki bison a lingomba mpona kondimela Yesu Christu. Toyaki te liboso na Nzambe na biso moko. Moto moko te akoki koya epai na Nzambe soki abiangami na Nzambe te. Na boye tokoki te koloba ete toyaka na lingomba mpe tozwaki lobiko na makanisi na biso moko. Tobiangamaki.

Ezali na ba ndenge mingi kolobela Yesu lokola 'Mwana na Ye,' 'Yesu,' 'Christu,' 'Nkolo na biso,' bongo,na bongo. Yango ezali te mpo ete Nzambe Alingaka ebele mingi. Ezali mpo ete ezali na ebele na ba limbola na molimo na moko na mmoko na ba nkombo wana.

Nzambe Azala na sekele mpe mokano eye Ye Abombaka longwa na liboso na kobandisama na tango. Ezalaki mabongisi mpona lobiko na biso mpe sekele yango ezalaka Yesu Christu. Na tango Yesu etalisami lkola 'Mwana na Ye,' elingi koloba ete Azali Mwana se Moko na likinda na Nzambe. Mwana na Ye Ayaka na mokili oyo, lokola Yesu oyo elakisi Ye oyo Akobikisa baton a Ye na masumu (Matai 1:21).

'Christu' elakisi 'Ye oyo Apakolama,' mpe azali moto oyo azwaki motindo epai na Nzambe Ye Mei. Mingi mingi, na pete na 'Mwana na Ye, Yesu Christu Nkolo na biso' elakisi 'Mwana se moko na likinda na Nzambe, Ye oyo azali sekele ebombama wuta liboso na kobanda na tango, Ye oyo Abotamaka kati na mokili oyo mpona kobikisa baton a Ye na masumu na bango, mpe Asikolaki bison a masumu na biso mpe Apesa na biso

lobiko, nde bongo kokoma Mobikisi na biso.'
Elobi mpe ete Nzambe Akokokisa bilaka na Ye. Elakisi Nzambe Asengeli na kotiela motema mpe Azali solo. Lisusu, na tango tozali kosanjola Nzambe, tolobaka Azali sembo. Tosanjolaka bokonzi na Ye na liloba oyo. Tokoki kotalisa kitoko na Nzambe, kolingama, mpe ngolu na mobimba na kolobaka ete Nzambe Akokisaka bilaka na Ye.

Mpo Ete Bango Nioso Bandima

Bandeko masengi na bino na nkombo na Yesu Christu Nkolo na biso ete bino nioso bolobaka na motindo moko; bokabwana kati na bino te kasi bosangana na motema moko mpe na molimo moko. Pamba te, baton a Koloe bayebisi ngai ete kowelana ezali kati na bino bandeko. Ntina ete mosusu na bino akolobaka 'Ngai moto na Paulo,' mosusu ete ngai moto na Apolo', mpe mosusu 'Ngai moto na Kefa,' mpe 'Ngai na Christu.' (1:10-12)

Paulo asengi na bana nioso na Nzambe balobaka na motindo moko. Kasi lolenge nini bato nioso bakoki kolobaka na motindo moko na tango moto na moto azali na likanisi na ye mpe na lolenge na ye? Awa, ', 'Bango nioso balobaka na motindo moko' elakisi ete tokoki kosala bongo na tango tososoli malamu Liloba na Nzambe mpe tobiki kati na solo.

Soki ezali na kowelana, elakisi ete tokozala na makanisi

na solo te mpe tosangani lokola moko te kati na Nzambe. Na bongo, Liloba oyo elakisi mpenza ete tosengeli kolongola makanisi na solo te mpe toingela kati na solo. Soki tozali kobika kati na Liloba na Nzambe, motema na biso, mokano mpe makanisi ekokoma solo mpenza moko. Motema na biso, makanisi, mpe molema, mpe mokano mpe mabanzo ikoki kokoma moko na tango tozali kolanda mongongo na Molimo Mosantu, mpo ete solo ezali moko.

Ndakisa, toloba ete moto azali kosenga ebele na batambwisi na molimo mpona toli na molimo mpe kotambwisama. Ya solo, na moko na moko bapesi toli bakopesa bango nioso eyano moko te oyo ekokana. Ezali mpo ete bango basangana te lokola moko kati na solo. Kasi soki mopesi toli to mpe ba pasteur bamilatisi na Liloba na Nzambe mpe bazali koyoka malamu mongongo na Molimo Mosantu, bango nioso bakopesa eyano elingi kokokana.

Lokola Baloma 8:14 elobi ete, "Baoyo nioso bakanbami na molimo na Nzambe bazali bana na Nzambe," biyano na bango ikoki kokokana mpo ete Molimo Mosantu Azali kotambwisa bango.

Ntoma Paulo azali kosenga na bango na kolobaka ete, '... Bokabwana kati na bino te, kasi bosangana na motema moko mpe na molimo moko." Tosengeli komilatisa kaka na Liloba na Nzambe, mpo ete Liloba na Nzambe ezali kaka solo moko mpe epemeli solo mpona kosambisa.

Bongo bino bozali balolenge na bato oyo bakobetisaka sete ete bino bozali malamu mpe bokomekaka makambo mpe bokabwani kati na bato? Nzambe Abengaka misala na lolenge oyo kozala lingomba na Satana mpe Alimbisaka makambo na lolenge oyo te. Esengeli solo te kozala na bokabwani kati na lingomba.

Paulo ayaka na koyeba ete ezalaki na bokabwani kati na lingomba na Kolinti epai na baton a KLoe. Bandimi na lingomba na Kolinti bazalaki kolanda makanisi na bango moko mpe batelemaki kati na solo te. Yango ememaka kokabwana kati na bango. Yango tina bazalaka koloba ete nazali na Paulo' to "Nazali na Apolosa."

Lelo, tomesana komona kokabwani kati na mangomba. Yango esalemaka na lisungi na Molimo Mosantu te, kasi na nzela na kotindikama na Satana. Soki moto amemi bokabwani mp ete makanisi ma ye makokani ten a Liloba na Nzambe, boye ezali lingomba na Satana.

Mbala moko nakendaka esika moko boye mpona kokamba milulu na bolamuki kuna. Kuna ezalaki na mangomba pembeni na 40 na esika yango. Nayokaki ete ebele na mangomba mazalaki na kowelana kati na bango. Likolo na bango ba Pasteur bazalaki kowumela mpona kosala mosala tango molayi kuna te. Nayokaki mpenz amabe na koyokaka makambo na lolenge wana. Ezalaki kutu na kufundana epai na bazuzi kati na bango mpo ete moko moko azalaki komeka kokoma mokonzi kuna. Makambo na lolenge oyo euti na Satana.

Kati na Matai 16:21, Yesu Alobaki na bayekoli ba Ye ete asengelaki kokende na Yelusalema, mpe konyokwama mingi na maboko na ba nganga Nzambe mpe bakomi na mibeko, mpe kobomama, mpe Akosekwa na mokolo na misato. Na koyoka yango Petelo alobaki ete yango ekoki te kosalema na Nkolo. Alobaki yango mpo ete ye alingaki Nkolo na ye. Kasi Yesu Alobaki ete, "Mosika na Ngai Satana," pamba te ezalaki mokano na Nzambe mpona Ye kozwa minyoko na ekulusu mpe ezalaki mpona kokokisama na mokano na lobiko.

Solo Yesu Alingaki te koloba ete Patelo azalaki Satana. Alobaki yango mpo été Patelo azalaki na makanisi na mosuni. Maloba na Patelo mazalaki na Molimo Mosantu te kasi mayaki na mosala na Satana.

Mpona biso kokoma bana balngami na Nzmabe, tosengeli soko kotuka to mpe kotonga basusu mpe tomema bokabwani. Tosengeli kozala na motema na biso mpe mokano moko kati na Nkolo na kobanga mpe bolingo mpona Nzambe. Tosengeli mpe kolinga bazalani na biso lokola biso mpenza, kobondela mpona bango na main a miso.

Eteni 12 elobi ete, "Ntina ete mosusu na bino akolobaka ete, 'Ngai moto na Paulo,' mpe 'Ngai na Apolo;' 'Ngai na Kefa,' mpe 'Ngai na Christu."

Lolenge kani ekoki kozala na bokabwani kati na lingomba? Ezalaki te ba Pasteur to mpe bampaka na lingomba nde basikolaki bison a masumu na kokufelaka bison a ekulusu. Moto nioso azali na Yesu mpo ete Yesu Abakamaka na ekulusu mpona kosikola bato nioso na masumu. Esengeli te kolobama ete biso tozali na pateur moko, mpaka, to mpe soko nani kasi kaka Nkolo Yesu.

Na boye, tosengeli te koloba ete, « Nabetisamaki libaku

likolo na mondimi wana, yango ntina nazali koya na lingomba te." Toyaka na ndako na Nzambe mpona kotalela kaka Yesu Christu, bongo tosengeli te kobeta libaku mpona bato. Lisusu, ba oyo bazwaka nkanda bakosalaka bongo mpo ete bongo na bango ezali moke. Ba oyo na mitema minene bakozala na kanda mokuse te mpo ete bakoki kondima mpe koyamba basusu. Soki moto soko nani akotongaka, mpe kokatelaka basusu, azali na nkanda mokuse, to mpe akosambisaka basusu, to mpe akomemaka bokabwani, boye asengeli kati na komikitisa komitala ye moko mpenza.

Kati na kosalaka bongo tokoka kozwa molende mpona kolongola makambo oyo mazali kotelemela Liloba na Nzambe, totia elikia na biso na Liloba na Ye mpe totosa Ye. Tokoka bongo kozala kati na bolingo na Nzambe.

Christi Akabwani nde? Paulo abakamaki na ekulusu mpona bino? Bobatisami na nkombo na Paulo Natondi ete nabatisaki moko na bino te bobele Kilisiti mpe Gayo, ete moto aloba te ete babatisami na nkombo na ngai. (1:13-15)

Paulo alobaki ete, "Christu Akabwani nde?" Ayokaki mawa mingi mpona bokabwani kati na lingomba na Kolinti. Azalaki kutu kopesa matondi ete abatisaki kaka moke na bandimi kuna, mpo ete bandimi misusu kati nalingomba na Kolinti basosolaki mabe ete babikisamaki nanzela na moto oyo abatisaki bango.

Paulo alakisaki bango kati na solo, kasi bango basosolaki mabe na kokanisaka ete Paulo azalaki kopesa na bango lobiko. Boni nsoni ntoma Paulo asengelaki kozala na yango! Boye, soki abatisaka ebele na bandimi balingaki kosalela ye lokola Mobikisi. Yango ntina azalaki na matondi mpo ete abatisaki kaka moke kati na bango.

Ba Pasteur mpe Basali na Nzambe bakoki kaka kotambwisa baton a ngambo na Nzambe na kolakisaka bango ete Yesu Christu Azali Mobikisi. Bakoki soko moke te kopesa Lobiko. Lolenge elobami kati na 1 Bakolinti 3:6, moto akoki kaka kokona mpe kobwakela mai, nde Ye oyo Akolisaka ezali kaka Nzambe Ye Mei.

Kaka Yesu Christu nde Mobikisi. Bato misusu batunaka mituna eye été, « Pasteur, ezali bongo mabe te mpona bandimi kolanda yo lokola Yesu ? » Bongo, Nakoyanola été, « Moko te kati na bandimi na lingomba na ngai bakaniselaka ngai lokola Mobikisi. Ba ;andaka ngai kaka lokola mosali na Nkolo oyo Nzambe Atalisaka misala ma Ye na nzela na ye. » Solo, Nayokaka nsoni mingi mpo été natunama motuna na lolenge eye mpona kobanda. Nakoki kososola lolenge nini Paulo akokaki koyoka na tango ezalaki ye kokoma eteni oyo.

Lelo, ezali na bato misusu ba oyo bakolobaka ete bazali "Mobikisi' to mpe 'Nzele na Olive,' mpe azali na ba oyo bakolandaka bango. Ezali mpenza mawa!

Soki Nalobi ete, "Nazali Nzambe, bongo bino bolanda ngai!" ezali na moko ten a bandimi na ngai oyo akondima likambo yango, mpo ete bango nioso balatisama na Liloba na solo na Nzambe.

Kolinga na Nzambe oyo Nzambe Alingaka, ezali kolinga lingomba, mpe kolinga lingomba ezali kolinga Nzambe.

Mpo ete tolingaka Nzambe, tolingaka mosali na Nzambe oyo amemaka bison a lobiko. Soki tolobi ete tolingaka Nzambe na kozanga kolinga Pasteur oyo tomonaka bongo ezali lokuta.

Bato nioso balingaka baboti na bango batosama mpe bazala bato malamu ekoki bango kozala. Soki bana bazali kotiela baboti na bango motema te, ekoki komonana ete bakokende na kobunga. Soki totieli motema na Pasteur oyo atambwisaka biso te, ekozala pasi mpona biso tomikaba mpona lingomba.

Bongo, tokomikabola biso mpenza na lingomba, na kolingaka Nzambe te. Soki Pasteur na lingomba akoki te kotosama, ezali likambo na mawa.

Єε, Nabatisaki baton a libota na Setefana. Nde bobele bongo; nabanzi ete nabatisaki mosusu te.

Paulo alobaki ete abatisaki kaka Kilisipu mpe Gayo kati na Kolinti. Awa, alobaki ete abatisaki libota na Setefana. Abatisaki bango na Akai na mobembo na mosala na ye na Nzambe.

1 Bakolinti 16:15-18 elobi ete, "Nazali kobondela bino bandeko. Boyebi baton a ndako na Setefana ete bazalaki bandimi na liboso kati na Akaya mpe ete basili komitia bango mpenza na mosala kosalela babulami. Bino botosaka baton a lolenge oyo mpe bato nioso ba oyo bakosangana na mosala mpe bakosalaka na etingia. Nasepeli ete Setefana mpe Folotunato mpe Akaiko basili koya, pamba te bango botondisi misala mizangaki epai na bino. Balendisi molimo na ngai pelamoko na molimo na bino. Bokumisa lolenge oyo na bato."

Setefana azalaki moto na sembo mingi mpenza oyo amikabaki mpenza mpona mosala na Nzambe epai na basantu, mpe ntoma Paulo ye moko abatisaki ye. Bongo Paulo asengaki ete bakumisaka baton a lolenge oyo. Asengaki na bango mpe ete batosaka kaka baton a lolenge oyo te bango oyo bazalaki komikaba mpona kosalela bandimi kasi mpe bato nioso bazalaki kosalisa kati na mayangani mpe na misala.

Kati na mokili oyo, bato batosaka ba oyo bazali na ebonga likolo to mpe na bokonzi monene. Kasi Bakristu basengeli te kotala na lolenge na botombwami, bokonzi to mpe misolo. Tosengeli komona yango mosala na talo kotosa ba oyo bazali sembo kati na Nkolo, mpo été totalaka botombwami te, bokonzi, to mpe misolo te likola motuya na miso na Nkolo.

Tosengeli kokanisa boni kotosa tozali na yango epai na bato oyo na kondima bango oyo bakokabaka bomoi na bango mpona mosala na Nzambe.

Tosengeli kotala sima na soki to mpe te tolobaki na kokeba te mpona bango to mpe tosambisaki bato na lolenge eye. Ntoma Paulo apesaki simbisi na bato na Kolinti été bakumisaka bango oyo bazali sembo kati na Nkolo mpe atika basusu bayeba mpona lolenge nini batosaki bango mpe mosala ezalaki bango kosala.

Na eteni 16 ntoma Paulo alobaki ete, "Ɛɛ, nabatisaki mpe libota na Setefana. Nde bobele bango; nabanzi ete nabatisaki mosusu te." Asalaki litatoli na lolenge wana mpo ete mabanzo ma ye makomaki mosika sima na tango molayi na misala na Nzambe milekaka kala.

Bongo, ntoma Paulo abatisaka kaka bato mana misato? Kati na Misala 16:33, na tango ntoma Paulo na Sila bazalaki kati na boloko, mpe mokengeli na boloko mpe libota na ye nioso bandimelaki Nkolo mpe babatisamaki na Paulo. Ezali kaka eloko na mabanzo na Paulo kozala malamu ten a ntango wana.

Mpo ete Christu Atindaki ngai mpona kobatisa te kasi mpona kosakola Sango Malamu; na maloba na mayele te ete ekulusu na Christu ekoma eloko na mpamba. (1:17)

Nzambe Abengaka basali na Ye te mpe Andimelaka bango batelema na etumbelo mpo ete bango bamipesa na libatisi. Esalemaka mpona komema bango na kosakola mateya na ekulusu mpe Sango Malamu mpo ete bato bakoka kozwa lobiko.

Moto na moto azali na etape ekesana mpona kosalela maloba. Basusu bazalaka na koyeba mingi na tango basusu bazalaka na bosakoli malamu mingi mpona koloba na bato. Yango ntina bakoki koteya na maloba na boyebi to mpe kotalisa mozindo na makanisi na sembo. Kasi ntoma Paulo ateyaki te Sango Malamu na mayebi na mokili oyo to mpe na botombwami na maloba.

Basusu balobaka ete bakoki te koteya Sango Malamu mpo été bazali na bwanya na maloba te. Ata soki moteyi azali na makoki na koloba malamu te, misala na Molimo Mosantu mikosalema na tango bateyi nani Nzambe Azali, nani Yesu Christu Azali, mpe nzela na ekulusu, lisekwa, Bozongi na Nkolo, mpe mpona Lola mpe Lifelo.

Na koleka na mikolo, bato bazwi lisusu boyebi mpe malakisi na koleka, kasi bomoi na bomoto na bango ekobi na komata te. Kutu bazali kokoba na kobebisama na masumu nokinoki. Tokoki te kobongola mitema na bato to mpe kolona kondima kati na bango na mayele na koloba to boyebi na mokili oyo.

Yango tina eteni 17 elobi ete, "...na maloba na yele te ete ekulusu na Christu ekoma eloko na mpamba te." Koteya Sango Malamu na mayebi na mokili oyo to mayele na koloba ezali kondimama na mokano na Nzambe te, nde bongo Molimo Mosantu Akoki te kosala na nzela na bango.

Nzambe Azali molimo, mpe Liloba na Ye ezali mpe Liloba na dimension minei, yango ezali molimo. 1 Bakolinti 2 :13 elobi été, "Tokolobaka mpe oyo na maloba malakisami na mayele na bato te kasi na maloba malakisami na Molimo awa ekopimaka biso makambo na molimo na maloba na molimo" Tokoki te kososola Liloba na Nzambe soki lisungi na Molimo Mosatu ezali te.

Esode 12:8-9 ezali kolobela mpona kolia mpate. Elobi ete, "Bokolia mosuni yango motumbami na moto nab utu yango. Bokolia yango esika moko na lipa ezangi mfulu mpe ndunda na bololo. Bokolia yango mobesu te mpe elambami na mai te, kasi bobele etumbami na moto na motó na yango mpe makolo na yango, mpe nsopo na yango elongo."

Mpate kati na Esode na molimo elakisi Yesu Christu. Yoane 1:29 ekomi ete, "Tala, Mwana na mpate na Nzambe molongi na masumu na mokili!" Kaka soki tolii mosuni mpe tomeli makila na Mwana na Moto, tokozala na bomoi te mpe tokoki te kozwa bomoi na seko (Yoane 6:53). Na bongo, tosengeli kolia mosuni na Mwana na Moto, yango ezali nzoto na Nkolo, Ye oyo Azali Mpate.

Bongo, lolenge nini tokoki kolia Mpate? Elobi na biso ete tosengeli te kolia yango mobesu, to kotokisa yango, kasi totumba yango na moto, nioso na yango ata moto, makolo, mpe misopo. Yango elakisi ete tosengeli kososola Liloba kati na ba buku nioso ntuku motoba na motoba na Biblia na nzela na lisungi na Molimo Mosantu.Kolia mpate mobesu to mpe elambami na mai elakisi kososola Liloba na Nzambe na nzoto mpe kosangisa yango na boyebi na mokili lokola philosophie.

Tika ete tososola ete tokoki te kobongola mitema na bato to kolona kondima kati na bango kaka na botombwami na maloba. Tosengeli koteya Sango Malamu kaka na kolondaka lisungi na Molimo Mosantu.

Christu Azali Bwanya mpe Nguya na Nzambe

Mpo ete liteyo na ekulusu ezali bolema epai na babebi, kasi epai na biso bato tozali kobika, ezali nguya na Nzambe. (1:18).

Mpona babebi, mingi mingi bango oyo bazali te kondimela Yesu Christu, liteyo na ekulusu emonani liboma.

Basusu bazangi kondima bamonaka bandimela lokola maboma. Basusu bamindimelaka kaka bango moko na kolobaka été, « Lolenge nini tokoki kondimela Nzambe tango Amonani te ? » Ezali mpo été sango na ekulusu emonani bolema epai na bango. Kasi mpona bandimi bango oyo bazali kozwa lobiko, ezali nguya na Nzambe.

, Yoane 11:25-26 elobi ete, "Yesu Alobi na ye ete, 'Ngai Nazali lisekwa mpe bomoi,. Ye oyo azali kondima Ngai ata asili kokufa, akobik; mpe moto na moto azali na bomoi mpe andimi Ngai, libela akokufa te. Ozali kondima oyo?'"

Lolenge elobami, bana na Nzambe oyo bandimi Yesu

Christu bakokufa te. Ba nzoto na bango na mosuni ekokufa mpe ekozonga mputulu, kasi milimo na bango ikobikisama mpe ekobika mpona libela kati na Bokonzi na Lola. Yango ntina Biblia elobi ete, na tango mondimi akufi, elobamaka mpona bango été, "balali mpongi", kasiete "bakufi".

Misala 7:59-60 elobi ete, "Bongo baboli Setefano na mabanga, wana ezalaki ye kobondela ete, 'Nkolo Yesu ymba molimo na ngai! Akwei na mabolongo na ye, mpe abiangi na mongongo makasi ete, 'Nkolo, Tangela bango lisumu oyo te! Esili ye koloba bongo alali." Ba oyo bakufaka sima na bango kondimela Nkolo bakosekwa lokola Nkolo Asekwaka. Yango ntina Biblia ezali koloba ete "Alali."

Kobima na kufa mpona kosekwa mpe bomoi na seko ekoki te kososolama to mpe ata kobanzama na mayebi na bato. Esalemaka na nguya na Nzambe.

Bongo nini ezali nguya na Nzambe?

Yoane 8:44 elobi ete, "Bibo bouti na tata na bino satana mpe mposa na bino ezali ete bosal mokano na tata na bino." Yango elingi te koloba ete tata na bison a mosuni ezali satana kasi ete ba oyo bazali na Nzambe te bazali na zabolo, mokonzi na mokili oyo.

Kino Yesu kozwa ekulusu mpona biso basumuki, tozalaka biso nioso ya zabolo. Kasi na nzela na ekulusu, Nzambe Akoma tata na biso. Yango ezali nguya na Nzambe.

1 Yoane 3:10 elobi été, "Bana na Nzambe mpe bana na Satana bakomonana polele na likambo oyo. Moto na moto oyo

azangi kosala boyengebene auti na Nzambe te; na oyo azangi kolinga ndeko na ye."

Elobi ete ba oyo bazangi kolinga ba ndeko na bango bazali na Nzambe te. Soki bazali na Nzambe te boye basengeli kozala na zabolo. Na tango moko biso nioso tozalaki ya zabolo. Moko te solo kati na biso alingaki ndeko na ye na kobikaka kati na boyengebene. Toya na kolinga bandeko na biso mpe tobika kati na boyengebene kaka sima na biso koyoka nzela na ekulusu, tondimeli Yesu Christu, mpe toye na kobika kati na Liloba na Nzambe.

Ezali na lolenge oyo nde ba oyo bazala na zabolo bayaka kozala ya Nzambe. Yango ezali nguya na Nzambe. Liboso tozalaka na nzela mosusu te nde kaka na kobika kati na masumu, kasi na tango tondimelaki Yesu Christu, Molimo Mosantu Ayaka kati na biso mpe Asalaki ete ekoka mpona biso ete tolongola bozangi boyengebeni nioso mpe tobika kati na boyengebene na Nzambe. Yango nde ezali nguya na Nzambe.

Na tango tozalaka kati na mokili, na kondimelaka Nzambe te, ezalaka pete te mpona biso totika makambo na lolenge oyo lokola makaya mpe masanga. Komikanga na tango wana ezalaki ata kokoka koleka mikolo misato te. Ngai mpe namekaka kotika makaya. Na bwakaka makaya nioso nazalaka na yango, kasi nasengelaki na kolokota yango lisusu mpe komeka komela yango sima na mikolo mibale.

Kasi sima na ngai kondimela Nkolo, ezalaki mpenza pasi te mpona kotika makaya mpe masanga. Nakokaki kotika yango nioso na mbala moko mpo ete natondisamaki na Molimo

Mosantu na nzela na mabondeli. Ezali nguya na nzambe mpona kobongola bato mpe kopesa na bango ete balongola bosolo te mpe babika kati na kozanga sembo na lisungi na Molimo Mosantu.

Esili kokomama ete, 'Nakobebisa mayele na baton a mayele, mpe Nakoyeisa mpamba boyebi na bayebi." (1:19)

Kati na mokili oyo, ezalaka na masanga na bato oyo balobaka ete bango bazali na bwanya mpe bayekola na koleka. Bango bamilobaka ete bazali likolo na ba kelasi na bikolo na bango, bazali likolo na mayebi na minganga, na mabi na mayebi mpe bokoli na technolojie mpe ata makambo na mokili na bango. Kasi liboso na Nzambe mpe na bandimi, ezali bongo te.

Mosakoli 1:2 elobi ete, " 'Mosakoli alobi ete, bisalasala na mpamba! Bisalasalla na mpamba ! nioso ezali se mpamba.' » Boyebi, koyebana, bokonzi, mpe misolo mingi nioso mikobbebaka mpe milimwaka. Bato niosbasengeli na kokufa. Tokoki te kozwa lobiko mpe tokened na bokonzi na Lola na nzela na misolo na biso, bwanya, to mpe bongo. Motambwisi na mboka akoki kozala mpe kosepela ebele na biloko, kasi, na nsuka ye mpe akokweya kati na Lifelo soki azali na kondima te. Boye misolo na ye izali na ntina nini, bwanya mpe makoki na mayele na ye?

Na bongo, Nzambe Alobi ete Akobebisa bwanya na bato mayele mpe Akoyeisa mpamba boyebi na bayebi. Ata makambo mana nioso mikobeba nde boye mizali na talo te. Na miso na

Nzambe, mizali mpenza solo bozoba mingi.

Kasi, ezali mpamba te kozala na koyebana, bokonzi, to nkita kati na Yesu Christu. Tokoka kopesa nkembo epai na Nzambe na kopesaka yango nioso mpona koyeisa monene Bokonzi mpe boyengebene na Nzambe. Yango ekozala lifuti na biso kati na Lola, nde bongo ezali lipamboli.

Bango oyo bazali na kondima te bayebi te mpona Mokeli Nzambe oyo Asalaka bango. Bamonaka kaka mayebi na bango, misolo mpe bwanya na bango nde mileki na motuya mpenza mpe bakokendeke na nzela na kobebisama. Boye, na miso na Nzambe, bango bazali mpenza maboma.

Yisaya 29:14 elobi ete, "Bongo, tala lisusu Nakosala makambo na kokamwa kati na bato oyo, ɛɛ makambo na nkembo mpe na kokamwa. Mayele na baton a mayele ekolimwa mpe bososoli na baton a bososoli ekobombama."

Liloba oyo ekokisamaka na nzela na Yesu Christu. Kati na Matai 11:25-26 elobi ete, "Na ntango yango, Yesu Azongisi liloba, Ye ete, 'Natondi yo Tata, Nkolo na Likolo mpe nan se mpo ete Obombi makambo oyo liboso na baton a mayele mpe na basosoli mpe Omonisi yango epai na bana mike. Ɛɛ Tata, pamba te emonanaki malamu bongo na miso na Yo.'"

Ba oyo bamikaniselaka été bango bazali na bwanya bandimelaka Yesu te. Bwanya na bango mpe mayebi mizipaki bososoli na bango mpona solo mpe bango bazalaki mpenza bolema. Yango ntina bakomi na mibeko mpe balakisi na mibeko bango oyo bakanisaka été bayebinLiloba na Nzambe malamu mingi babakaka na ekulusu Mesia na bango. Bakendaki nzela na kobebisama, mpe yango elakisi bazalaka na bwanya te to mpe bososoli.

Bongo, esengeli na biso kobwakisa mayebi na lolenge nioso mpe bwanya? Nazali koloba te ete mayele mpe bwanya oyo moto azwi izali mabe. Kasi, tosengeli na kokoka kosalela miango mpona Nzambe. Nioso ezali biso kosala nan se na moi ezali se pamba, nde boye tosengeli naino kozala na mayebi mpe bwanya na koyeba Nzambe.

Wapi moto na mayele? Wapi mokomi? Wapi molobilobi na ekeke oyo? Nzambe Akomisi mayele na mokili eloko na bolema te? (1:20)

Kobanga Nzambe ezali ebandeli na mayele mpe bwanya (Masese 1:7, 9:10). Na miso na nzambe, epimelo mpona kososola soko to te tozali na bwanya ezali soko to te tozali kobanga Nzambe.

Tokoki kozwa bomoi na solo kaka na tango ezali biso kozwa bwanya mpe mayebi mapesamaka na Nzambe longwa na likolo. Nzambe Abetisi sete mpona esika oyo. Soki tokei nzela na kobebisama likolo na mayebi na mokili oyo, boni bolema ezali mpona kozala na boyebi na mokili! Nde, kaka Liloba na solo kati na kobanga Nzambe na komikitisa ekoki kozala epimelo mpona kosambisa. Ba oyo bazali bolema babwakisaka bwanya na Ye mpe malakisi mpe bandimaka te Liloba na Nzambe.

Bakomi na solo bazali ba oyo bazali kososola Liloba na solo mpe bazali kokomisa yango lipa na bango na molimo.

Ata masakoli kitoko mazali pamba nde kaka izali na bomoi kati na yango. Tokoki kozala balobaloba na solo kaka soki tolatisama na Liloba na Nzambe mpe tobandi kosakola. Nzambe Azali kotuna motuna na bato oyo bazali kokende na nzela na kobebisama: "Bibo bato, wapi mayele mpe bososoli na bino? Wapi bakomi mpe balobiloba?" Bongo Alobi ete, "Ata soki bazali kobeta tolo na bango mpona koyeba na bango mpe mayele, bakoki te kobikisama, mpe bakoki te komona nguya na Nzambe." Nakosukisa elobi ete, "Nzambe Akomisi mayele na mokili eloko na bolema te?"

Mpo na mayele na Nzambe, mokili eyebaka Nzambe na nzela na mayele yango mpenza te. Bongo Nzambe Asepelaka kobikisa bandimi na nzela na bolema na esakweli. (1:21)

Bato bakanisaka ete bazali na mayele kasi bakoki te koyeba Nzambe na mayele kaka. Yango tina Nzambe Amemaka ebele na bato bazwa lobiko na nzela na koteya.

Bwanya na nzambe ezanga suka, kasi mayebi mpe mayele na mokili oyo epekisaka bison a kondimelaka nguya na Nzambe, nde bongo, ezali bolema na miso na Nzambe. Tokoki te kososla Nzambe Mokeli na mayele mpe mayebi, yango ntina Nzambe Asepelaka mpenza na nzela na bolema na mateya mateyamaka mpona kobikisa ba oyo bandimi.

Yoane 20:29 elobi ete, "Esengo na bango bamoni te, kkasi banndimi." Na momesano, bato bayaka naino kondima sima na bango koyoka Liloba na Nzambe eteyamaki. Kondima ezali elendiseli na biloko mikolikia biso mpe elimbweli na biloko bizangi komonana. Ekoki kokela eloko esika eloko ezali te. Nzambe asepela kobikisa bato na nzela na kondima kaka oyo, mpo été Akoki kozwa bana na solo bango oyo balingaka Ye na mozindo na mitema na bango.

Ba oyo bazali lolendo mpe na bakingo makembisama balobaka été bazali na mayele. Kasi Nzambe Atalaka baton a motema malamu bango wana bazalaka na mitema petwa lokola bana mpona kondimela Sango Malamu. Boye, Asepelaka mpenza na bolema na mateya mateyami mpona kobikisa bango bandimi.

Bayuda bakosengaka bilembo mpe Baela bakolukaka mayele; (1:21)

Awa, 'Bayuda' ezali na limbola mibale.

Yambo, elobeli bato na bilongi mibale kati na Bayisalele oyoo balobaka ete bayebi Nzambe, kasi bakobi na kosenga bilembo lokolamosala.

Na tango na Yesu, Bayuda basosolaka Mobikisi na bango tea ta na tango Ye Atelemaka liboso na bango. Ezali mpo ete bazalaki koluka bilembo. Balingaki Masia amonana na lolenge na nkembo mpe na kotombwama. Bazalaki kolikia ete Masia Asikola bango na Bokonzi na Baloma, mpe Akonza bango.

Kasi Masia na solo oyo azalaki koteya bango Sango Malamu Azalaka na lokumu soko te. Abotamaka na ndako na ba nyama. Atikala kolata bilamba na talo te; Azalaka ata na esika na kofanda te mpe Azalaki kolala kati na lisobe to mpe na ba ngomba; Akokaki ata kolia malamu te. Atalisakami mpenza lokola moto na mpamba. Baton a mitema mibale oyo bazalaki koluka bilembo, bazalaki kaka kotala makambo na miso na bango moko, mpe bakokaki te kososola Masia.

Mpona Yesu kobotama kati na ndako na banyama ezalaki mpe na limbola na molimo. Mosakoli 3:18 elobi ete, "Nalobaki na motema na ngai mpona makambo na bana na bato ete, 'Nzambe Azali komeka bango Amonisa ete bazali bobele koleka ba nyama te." Yesu Abotamaki kati na ndako na ba nyama esika ba nyama bazalaki kofanda mpona kosikola bato ba oyo bazalaki na kokesana na nyama te mpe Azongisela bango elilingi na ebandeli ete bakelamaki na elilingi na Nzambe.

Kasi baton a bilongi mibale oyo bazalaki koluka bilembo bakokaki te kososola mozindo na mokano oyo. Bakokaki te komona makambo na molimo. Balukaki kaka komona Masia na makanisi na bango moko na kolandisama na baposa na bango mabe na nzoto, mposa mabe na miso, mpe enzombo na bomoi. Na bongo, bakokaki ata kososola te Masia oyo Azalaki liboso na miso na bango moko.

Eloko na mibale mpona oyo etali "Bayuda' na molimo etalisi 'bandimi.' Kasi Bayuda oyo Paulo azali kopesa toli bazali Bayuda na limbola na molimo lokola bandimi te, kasi Bayuda wana na bilongi mibale.

Elobi été Bayuda bazali kosenga bilembo. Nini Liloba na Nzambe elobi mpona komona mpe na kondima ? Yoane 20 :29 elobi été, "Yesu Alobi na ye été, 'Yo ondimi mpo été osili komona Ngai ? Esengo na bango bamoni te nde basili kondima."' Esengo na bango ba oyo bandimeli Nzambe mpe bayambi Yesu Christu mpe Bokonzi na Lola kaka na koyoka Liloba na Nzambe mpe na kolukaka bilembo te mpona kondimisa kondima na bango.

Basusu balobaka été bakondima soki bamoni na miso na bango. Kasi na tango emoni bango solo bilembo na misala na Nzambe, bakondima mpenza solo ? Mingi na ba oyo balobaka boye bakondima yango te mpe bayamba Nzambe ata sooki bamoni bilembo na Nzambe na bomoi na nzela na bilembo mpe bikamwisi. Bakoki kondima mpona ngonga wana, kasi na kala te to mpe sima na tango bakobwaka kondima na bango. Kasi ba oyo bakoki kondima na kozanga komona bazalaka na motema wana na koningananingana te, mpe na nzela oyo bazali solo bapambolami.

Paulo alobi ete Bayuda bazali koluka bilembo mpe Ba Hela bazali koluka bwanya. Mpo nini Baela bakolukaka bwanya ? Ba Hela bazalaki baton a koyekola mpe na bobiki. Philosophie na Baela ezalaki likolo na ebandeli na mokiili na bango. Bato bazalaki mpe na bwanya. Bazalaki kotanga mpona kokolisa mpe komatisa boyebi na bango mpe bobiki mpe na kobika bomoi eleki na esengo.

Mpo été Baela bazalaki na bwanya mpe koyeba na lolenge wana, Paulo alobelaki Baela na tango azalaki koloba mpona bwanya. « Baela bazali koluka bwanya » elakisi été ba oyo bazali na bwanya mppe boyebi bakokoba koyekola mpe na koluka lisusu bwanya eleka.

...Nde biso tokosakolaka Christu oyo Abakisamaki na

ekulusu, yango etutelo na libaku epai na Bayuda, mpe eloko na bolema epai na Bapagano. (1:23)

Ezali 'Bayuba' to 'Baela' te, kasi bana na solo na Nzambe bango nde batatolaka mpona ekulusu na Yesu Christu. Balobelaka te lolenge nini kozwa ebele na misolo, kozwa koyebana na koleka, mpe bazwa bokonzi na mokili. Bango babetaka sete na lolenge nini mpona kozwa lobiko mpe ekulusu na Yesu Christu.

Bayuda bango oyo bazalaki na bilongi mibale mpona bondimi balingaki yango te. Ezali mpo lolenge na Masia ete Bayuda balingaki ezalaki te Oyo Abakamaki na ekulusu.

Ata lelo, na tango tozali kotatola mpona Yesu Christu, bato misusu balobaka ete bakoki kondima soki bakoki komona Ye mpe kosimba Ye. Na mitema mabanga, basengaka bilembo mpe balobaka ete bakoki kondima te soki bamoni te. Bato wana bamatisaka masumu likolo na masumu. Soki tozali koteya Yesu Christu mpe toyebisi bango batubela, ekokomalibaku epai na bango.

Ata bongo, na esika moko na mitema na bango, bakoki te koboya été Nzambe Azalaka. Ezali na mua mitema malamu etikala na nse na mitema na bango. Yango tina bakomaka na bobangi na tango bayoki mpona Lola mpe Lifelo. Nde, bongo, basengeli kotubela mpe koluka Nzambe, kasi balingi mpenza te koyoka makambo na lolenge oyo mpe komeka kozipa kobanga na bango.

Lisusu, likomi na eteni 23 elobi koteya na Christu na

ekulusu ezali bolema epai na Bapagano. Bapagano elakisi bango nioso oyo bandimela te bazala Bayuda to Bahela. Epai na bango nioso oyo bazali kondima te, mateya na Christu kobakama na ekulusu emonani bolema.

Na tango tozali kosakola Sango Malamu, soki tolobi été, "Nzambe Azali na Bomoi. Ba bokono ezanga lobiko ikokaki kobikisama na libondeli kati na lingomba," bongo, ebele na bato bakomonaka bateyi lokola bato na bolema, na kokanisaka été misala na lolenge oyo ikoki te kosalema mpe esengeli kozala na mbalakata kaka na mbala moko. Ezali mpo été bango bakoki kososola yango na bwanya mpe mayele na bango te.

Na bwanya mpe mayele na mokili, tokoki te kondimela kokela longwa na eloko te. Kasi solo Nzambe Akelaka biloko longwa na eloko te. Na tango Alobaki été, "Tika pole ezala," pole eyaki na kozala. Akelaki moi, sanza, minzoto mpe biloko nioso kati na univer na Liloba na Ye (Genese 1:3-31). Lisusu, Alobaki ete, "Nioso ekoki na ye oyo andimi," mpe tokoki komona Ye na mosala kolandisama na kondima na biso.

Kati na lingomba na ngai, tokoki komona ete ebele na ba bokono ikoki te kobikisama mikosilaka na tango bato yango bayei kozwa libondeli kati na kondima. Ezali kaka likambo esalamaka mbala mibale te, kasi bandimi na lingomba bamonaka tango nioso misala na lolenge oyo.

Bato misusu oyo bamimonaka bango moko mayele balobaka mpona misala na lolenge oyo ete: "Ba bokono mana makokaki kosikolama na nzela na likambo na bongo mpe na makasi na makanisi na elikia ete bango bakokaki kobika." Kasi at aba bebe na mbula mibale to misato bazali kozwa lobiko na nzela na mabondeli, mpe boyebi na lolenge nini bango bazali na yango nde bakoki kobikisama na nzela na makasi na makanisi? Na mayebi to bwanya na bato, tokoki soko komona Nzambe to mpe te kokende na nzela na bomoi na seko.

Bapagano misusu bakoki konyokola bandimi na pembeni na bango na kolobaka ete, "Bongo lingomba ezali kosunga bino na bilei to mpe nini?" Ya solo, lingomba ezali kopesa na bango bilei. Lingomba ezali kopesa lipa na molimo yango ezali Liloba na Nzambe. Liloba na Nzambe ezali na bomoi mpe ikomemaka bison a bomoi na seko, nde bongo, Liloba yango ezali lipa na solo eye ekobebaka te.

Kasi baton a mokili bakotalaka kaka na biloko mimonani na miso mpe biloko na mosuni na mokoli mpe batunaka mituna na lolenge eye. Kasi bana na Nzambe bakoki na makasi nioso kotatola mpona Nkolo mpo ete bayebi nini solo ezali.

...nde epai na babiangami, Bayuda mpe Baela, ezali nguya na Nzambe mpe mayele na Nzambe. (1:24)

Christu Azali nguya na Nzambe epai na bana oyo na Nzambe bakondimelaka Ye, bazala Bayuda to mpe Bahela.

Ata kati na baton a bilongi babale na Bayuda, basusu kati na bango bandimelaka Yesu Christu mpe bazwaka Lobiko. Lisusu, ezali na Baela misusu oyo bakutanaka na Nzambe na tango ezalaki bango koluka bwanya mpe boyebi. Moto nioso te oyo azali na boyebi awanganaka Nzambe. Bato misusu bakolukaka Nzambe mpe bakomonaka Ye mpona boyebi oyo bango bazwaki.

Mbala moko, biso toyebaka eloko moko te mpona oyo etali lisekwa to mpe mpona bomoi na seko. Tokanisaka ete bozali na bison a nse mokili na nse ezalaki nioso. Kasi wuta toyaka na koyeba Yesu Christu mpe kondimela Ye, tokoki kondimela Nzambe, Ye oyo Akoki kosekwisa bakufi, mpe tokoki kondima ete Lola mpe Lifelo ezalaka solo.

Na tango tondimelaka Yesu Christu, molimo na biso oyo ekufaka, eyaki na kosekwa,, mpe tokoki kokende nzela na bomoi na seko. Lokola elobaki Yesu ete, Ye Azali nzela, solo, mpe bomoi. Azali Christu oyo Azali kopesa biso bomoi mpe Akomi nzela na Bokonzi na Lola, nde bongo Azali nguya na Nzambe.

Likomi elobi mpe ete Christu Azali kaka nguya na Nzambe te kasi mpe lisusu bwanya na Nzambe. Mpo ete Azali kobikisa biso, Andimeli biso kokokisama, mpe kopesaka na biso bomoi na seko, Azali bwanya.

Nani kati na mokili oyo akoki kopesa na biso lobiko mpe kobongola bomoi na biso? Nani akoki kobongola motema na moto mabe na motema malamu? Ekoki kaka kosalema na nguya na Nzambe. Yango tina eteni 24 elobi ete Christu Azali nguya mpe bwanya na Nzambe epai na Bayuda mpe Baela.

Mpo ete bolema na Nzambe eleki mayele na bato mpe bolembu na Nzambe eleki nguya na bato. (1:25).

Bolema na Nzambe ezali eloko oyo emonani liboma na miso na bandimela te. Solo, ezali na bolema te kati na Nzambe.

Yesu Alobaki na biso été topesa litama mosusu na tango moto abeti biso na litama mosusu. Kati na mokili oyo, soki moto abetami na ntina moko te, akokanisa été ezali malamu mpona ye kozongisa. Bato na mokili bamekaka ata kokanisa été kozongisa te ezali mpenza bozoba. Yesu Alobi na biso été topesa elamba na kati na tango moto asengi na biso elamba na libanda, yango ezali lokola moto apesi kaleson na ye soko moto asengaki bino elamba na likolo to mpe pantalon ! Bongo, yango elakisi été tosengeli kotambola bolumbu ?

Na lolenge na komona mpe bizaleli na mokili oyo, Maloba na Nzambe emonanaka lokola libola. Kasi Liloba oyo ememelaka biso kimia mpe boolingo, mpe ezali nzela na elonga. Tokoki ata kolinga bayini na biso mpe bango bakosimbama na tango tozali kosala kolandisama na Liloba na Nzambe (1 Samuele 24 :16-21). Yango ezali nzela mpona biso tozala na bolingo, kimia mpe elonga.

Lisusu, elobi ete, "Bolembu na Nzambe eleki makasi na bato." Bongo Nzambe Azalaka na bolembu? Mpona bandimi Nzambe Azalaka na bolembu soko moke te. Kasi na miso na bandimela te, Nzambe Akoki komonana na bolembu.

Rzali mpo été solo elobeli biso été tomokitisa, kopesa, kokanga motema, mpe ata na kozonga sima kaka mpona koluka kimia, mpe lolenge oyo ekoki komonanabolembu na miso na bato na mokili. Matai 12 :19-20 elimboli bizaleli na Yesu malamu mpenza. Etangi été : " Akowelana te, akonganga te, moto akoyoka mongongo na Ye kati na nzela te. Akobuka lititi litutami te, akozimisa lotambe liziki mokemoke te. Kino ekosila

Ye kosambisa sembo."

Mpo été Yesu Akomaki na bolembu lolenge na likolo, Asukaki na kobuka nguya na kufa mpe Asekwaki mpona kokokisa mokano na Nzambe. Yango tina eteni ezali koloba été bolembu ezali nguya.

Bomikumisaka kati na Nkolo.

Bandeko botala ebiangeli na bino. Bato na mayele na nzoto babiangami mingi te, bato mingi na nguya mpe te, bato mingi na mabota na lokumu te; (1:26)

Eteni oyo elobi na biso lolenge nini Nzambe Abianga biso. 'Kolandisama na nzoto; elobeli bapagano. Bango oyo bandimelaka Nzambe te bamibeteka tolo na kolobaka ete bazali na koyebana, misolo, bwanya, boyebi, mpe koyekola malamu, mabota malamu, mpe lolenge malamu na koloba, mpe bongo na bongo, kasi makambo mana nioso mazali bolema liboso na Nzambe.

Ninin tiina na kobetaka ntolo mpona koyekola na bango, bwanya, mabota, to mpe msolo na tango oyo bazali kokende nzela na kufa mpe bayebi Nzambe te? Ezali bolema mpo ete biloko mana nioso mikokufaka.

...Kasi Nzambe Aponi biloko na bolema na mokili, ete Ayokisa biloko na mayele nsoni mpe Nzambe Aponi biloko na bolembu kati na mokili ete Ayokisa biloko na nguya nsoni. Mpe

Nzambe Aponi biloko bizangi lokumu mpe biloko bitiolami mpe yango bizali te ete bikomisa mpamba biloko bizali, yango wana moto moko te akoki komikumisa te liboso na Nzambe. (1:27-29)

'Mayele' elakisi bango oyo bakomibengaka mayele. Kasi bango bazali mayele ten a miso na Nzambe. Kati na masese 1:7 mpe 9:10 tomoni ete kobanga YAWE ezali ebandeli na mayele. Likomi elobi na biso ete Nzambe Aponi na bolema na mokili mpona koyokisa nsoni oyo na mayele.

Bana na Nzambe ba oyo bandimelaka Yesu Christu bazwaki lobiko mpe basepelaki bomoi na seko mpe na esengo kati na Bokonzi na Lola. Kasi, ba oyo bayebi te to koluka Nzambe mpe bakanisaka bazali na mayele, bakokweya solo kati na Lifelo. Bngo nioso bakoyoka nsoni.

Kati na Luka 16 totangi mpona moto na misolo mpe na mobola Lazalo. Ezalaki na moto na mbongo, mpe amesanaki na kolata bilamba motane mpe elamba na petete. Abikaki bomoi na esengo kati na kotambwama mikolo nioso. Mobola Lazalo azalaki komilalisa na ekuke na lopango na ye. Atondisamaki na mavimbi nzoto na ye mobimba mpe azalaki kolikya kolikaka mapa kokweyana nan se na mesa na mozwi. Ba imbwa bazalaki ata koya kolembola ba pota na ye.

Lazalo akufaki mpe ye amemamaki na banje na tolo na Abalayama. Mozwi mpe akufaki. Na ewelo atombolaki miso kati na minyoko mpe amonaki Abalayama na mosika mpe Lazalo na esika na ye. Angangaki mpe alobaki eye, "Tata, Abalayama, yokela ngai mawa, mpe tinda Lazalo mpo ete akoka kozindisa songe na lisapi na ye na mai mpe akitisa mposa na ngai na mai, mpo ete nazali kati na mpasi kati na moto oyo." Kasi ye akokaki kozwa lisungi te.

Mozwi alingaka mokili mpe bosengo na mokili, kasi ye alingaki Nzambe te. Sima na kufa na ye, akendaki na Ewelo na Nse mpe atikalaki kuna kati na mpasi. Kasi mobola, Lazalo, ata soki azalaki kobika kati na bobola, abangaki Nzambe. Azwaki lobiko mpe ye akendaki na ntolo na Abalayama.

Moto na mbongo akanisaki ete azalaki na bwanya na tango ye azalaki kobika kati na mokili oyo. Kasi sima na kufa na ye, mobola Lazalo oyo akanisaki ete azalaki bolema kati na mokili oyo, azalaki kosepela kati na esengo. Moto na misolo asengelaki konyokwama kati na moto. Ezalaki kaka te mpona mokolo moko to mpe mibale, kasi mpona libela. Boni nsoni yango ezalaki mpona ye! Tosengeli kopesa matondi epai na Nzambe mpo ete Ye Aponi biso mpe tokoki kokoma ban aba Ye.

Eteni 27 elobi ete, "Kasi Nzambe Aponi biloko na bolema na mokili mpona koyokisa biloko na mayele nsoni mpe Nzambe Aponi biloko na bolembu kati na mokili ete Ayokisa biloko na nguya nsoni." Soki Nzambe Abiangi yo mpe Aponi yo, ozali solo moto apambwama. Ezali lokumu eleka mpona kondimama na Nzambe mpe kokoma diacre, diaconesse, to mpe mpaka mpe kozwa misala kati na lingomba mbe kondimama na bakonzi na mboka to mpe na ekolo.

Bongo, mpo nini Nzambe Aponi biloko na bolema kasi na mayele te? Yesu Aloba été, "Nazali koloba na bino solo été, soko bokobongwana mpona kokoma lokola bana mike te, bokoingela na Bokonzi na Likolo te." (Matai 18 :3).

Bana na molimo bazalaka pete, bapetolama, mpe basokema. Bandimaka na bango Liloba na solo lokola bana, bandimelaka yango, mpe batosaka yango. Boye, bakoki kombongwana mpe kokoma na Bokonzi na Lola.

Kasi ba oyo bakanisaka ete bazali mayele kati na mokili bakondima ba oyo bazali na mitema lokola bana ete bango bazali maboma. Kasi Nzambe Aponaka mpe Akosalelaka ba oyo bazalaka na mitema misokema mpe malamu. Aponaka ba oyo bazali babola kati na motema.

Eteni na biso eye elandi elobi ete, "Nzambe Aponi biloko na bolembu kati na mokili été Ayokisa biloko na nguya nsoni." Yesu Azali Mwana na Nzambe, kasi Azalaki mpe na bolembu mingi kolandisama na lolege na mokili. Soki moto abetaki Ye na litama na mobali, Akopesa mpe mosusu mpe lokola. Akomeka ata komeka kobuka nzete motutami. Boni moto na bolembu Amonanaki mpenza!

Yesu oyo na bolembu Abakamaka na ekulusu, mpe Yesu oyo na 'bolembu; Asekwaka mpe Amataka kati na Lola mpona kokoma Mokonzi na bakonzi mpe Nkolo na ba nkolo! Na kokesana, ba oyo bazalaki makasi mpe bango banyokolaki Yesu bakenda nzela na libebi. Boye, Nzambe Ayokisa bato makasi na ba oyo na bolembu.

Eteni 28 elobi ete, "Mpe Nzambe Aponi biloko bizangi lokumu mpe biloko bitiolami mpe yango bizali te ete bikomisa mpamba biloko bizali.." Petelo moko ba bayekoli na Yesu, azalaki molobi mbisi. Lkola mosala, ezalaki te oyo etosamaki mpenza mingi. Kasi Nzambe Aponaka bato oyo nan se mpona kokomisa mpamba mpe koyokisa nsoni ba oyo batombwamaka kati na bato. Kati na Misala 4:13-14 elobeli na biso mingi mpona esika na bayekoli, "Ezalaki bango kotala molende na Petelo mpe na Yoane, mpe eyebaki bango ete bazali bato bamesani na mikanda te, mpe bato bayekoli makambo te, bakwami mpe basosoli bango ete bazalaki na Yesu esika moko. Nde, ezalaki bango kotala moto yango, oyo abiki, kotelema na bango elongo, bayebaki kozongisa monoko te."

Bato bakanisaki ete bango bayekolaka te mpe baton a bolema. Kasi lokola eyambaki bango Yesu Christu, bayambaki Molimo Mosantu, mpe bambongwanaki mpenza, bato bakamwaki. Misala 2:43-44 elobi ete, "Nsomo ezlaki na bato nioso, mpe bikamwiseli mingi mpe bilembo bisalami na maboko na bantoma. Bandimi nioso bazalaki na esika moko, mpe bazalaki na biloko na bango nioso na lisanga."

Bayekoli na Nkolo babiangamaki na balobi mbisi mpe kati na moke na bato oyo batiolamaki na mokili oyo. Yesu Aponaki bato wana mpe Asalelaki bango. Baton a mokili bayaki na kobanga bango. Na libanda, bazalaki koboya bilembo mpe bikamwiseli na nguya mitalisamaki na maboko na bantoma, kasi batikalaki na mua ndambo na bomoto kati na mitema na bango. Bongo, na tango bamoni makambo matalisamaki oyo bango bakokaki te kosala, babangaki.

Eteni 29 elobi ete, "...yango wana, moto te akoki komikumisa liboso na Nzambe te." Soki Nzambe Abengi mpe Asaleli bango oyo bazali na mayele mingi, bozwi, koyekola, to misolo kati na mokili oyo, bango bakozala na kobanga kati na komikitisa mpona Nzambe?

Bato lokola ba oyo balobaka été bazali na kokende liboso kati na mokili oyo mpo été bango bayekola malamu mpe bazali malamu, kasi te mpo été Nzambe Apambola bango. Lisusu, soki bato wana bakambi lingomba mpe yango etamboli malamu bakoki koloba été ezali mpona mayele mpe koyekola na bango malamu. Bakokanisa été bazali malamu mingi mpe na makoki na oyo ezali bango kosala. Bapesaka nkembo nioso epai na Nzambe te.

Yango tina Nzambe Aponaka bango oyo bazali na bolema, bolembu, mpe batiolama mpo été bango bakoka kobeta tolo te to mpe bamitombwama te. Toyebi solo, mpe tosengeli komitika epai na Nzambe mpe tondima kotambwisama na Ye kati na makambo nioso. Tosengeli kokoka na kotatola kati na nioso été ezali kaka kati na Yen de nioso ekoki.

Bino bozali kati na Yesu Christu mpona Ye. Nzambe Azalisaki Ye mayele mpona biso, Azali mpe boyengebene na biso mpe bulee mpe lisiko. (1:30)

Bato nioso mpe biloko nioso na univer biwuta na Nzambe. Nzambe Atiaka Adamu lokola Nkolo na bikelamu nioso. Kasi Adamu alakelamaka mabe likolo na lisumu na ye mpe na biloko nioso azalaki na nguya likolo na yango milakelamaki mpe mabe. Bokonzi nioso azalaki na yango epesamaki na zabolo.

Yango tina Luka 4:5-6 elobi ete, "Mpe [zabolo] akambaki Ye na likolo mpe Atalisi Ye bokonzi nioso na mokili na mua ntango mokemoke. Mpe zabolo alobi na Ye ete, 'Nakopesa yo bokonzi oyo nioso, mpe nkembo na yango, mpo ete esili kopesama na ngai, mpe soko nandimi kopesa nani yango, nakopesa yango na ye.'"

Bino bozali kati na Yesu Christu mpona Ye. Nzambe Azalisaki Ye mayele mpona biso, Azali mpe boyengebene, mpe bulee, mpe liisiko"?

Bwanya ezali kobanga Nzambe Bwanya na Nzambe ebikisa biso, ememaka bison a kobwaka masumu, endimelaka biso tobika kati na solo, mpe Amemaka bison a Bokonzi na seko na Lola.

Elongo na bwanya oyo, Yesu Christu Apesa na biso boyengebene, kobulisama, mpe kosikolama. Awa, boyengebene elakisi bolamu, mpe bolamu oyo ezali Liloba na Nzambe. Na tango tondimeli Yesu Christu, tokobika kati na bolamu mpe boyengebene kolandisama na Liloba.

Mbuma oyo na boyengebene ekomonana na kobulisama. Na tango tokamati Liloba kati na motema na biso lokola lipa na molimo, ekotalisama na mosala. Yango tina 1 Yooane 3:18 elobi ete, "Bana mike, tika ete tolingana na maloba te, kasi na misala mpe na solo."

Tokokoma ya kosanga lokola moko mpe tosikolami kati na Nkolo oyo Azali nzela, solo, mpe bomoi. Tosengeli te kokangama na mokili kasi tosikolama na Yesu Chritu.

...pelamoko esili kokomama ete, 'Tika ete ye oyo azali komikumisa, amikumisa kati na Nkolo." (1:31)

Mpona nini Nzambe Aponaka ya bolema, na bolembu, mpe batiolama kati na mokili mpona kosala mosala na Ye? Ezali mpona kotika ye oyo akomimatisaka, amimatisa kati na Nkolo." Nini tokoki komimatisa na yanngo kati na bomoi na biso?

Bazangi kondima bakoki komimatisa mpona makambo ebele, lokola misolo, koyebana, bokonzi na bato, koyeba, mpe mayele. Mosakoli 1 :2-3 elobi été, " 'Bisalela na mpamba ! Bisalela na mpamba ! Nioso ezali bobele mpamba."'Moto akozua libonza nini na misala nioso ma ye oyo akosalaka na nse na moi ?" Na boye, ezali na eloko moko te soko Nkolo mpona komimatisa. Makambo nioso libanda na Nkolo izali mpamba, mpo été ata biloko mileki malamuu mikobebaka mpe mikomemaka biso kaka na Lifelo.

Biso ba oyo toyebi oyo tosengeli komimatisa kaka kati na Nkolo. Kaka oyo ezali biso kosala kati na Nkolo ezali mppamba te. Ezali ezali biso kotanga, tozali kosala bombongo, to tokolia to komela to na nioso ezali biso kosala, tosengeli komeka kopesa nkembo na Nzambe na solo kati na makambo nioso. Kobika lolenge oyo ezali solo bomoi epambolama. Bomoi na lolenge oyo ezali mpamba te mpo été Nzambe Asepelaka mpenza na yango, mpe ekopesa na biso mabonnza na Lola.

Chapitre 2

BWANYA NA NZAMBE

Kotalisama na Nguya na Nzela na Molimo

Nzela na ekulusu, Bwanya na Nzambe

Ngolu na Nzambe Esosolami na Nzela na Molimo Mosantu

Makambo na Molimo Oyo Masosolami na nzella na Molimo

Kotalisama na Nguya na Nzela na Molimo

Bandeko eyaki ngai epai na bino, nayaki kosakwela bino makambo na solo na Nzambe na maloba kitoko mpe na mayele te. Pamba te nakanaki koyeba likambo mosusu kati na bino te bobele Yesu Christu mpe Ye moto oyo Asili kobakisama na ekulusu. (2:1-2)

Ntoma Paulo azalaki moto ayekola mingi na ebele na boyebi. Kasi ye amitikaki na kolakisama to mpe na boyebi na ye soko te. Amitikaka na makoki na ye na koloba na likolo te to mpe na bwanya na ye na tango ezalaki ye kosakola mateya na Nzambe. Yango ezali mokano na Nzambe. Tokoki te kobikisa miilimo na nzela na koloba malamu mingi, maloba na kondimisa, to mpe bwanya na bato. Yango tina tosengeli na kokeba na tango tozali kotanga ba buku mpona kondima. Tosengeli te kondima eloko mpo kaka yango ezali buku ekomami na moto akenda sango.

Soki mokomi oyo abondelaka mingi mpe azali na mozindo na ye koososola na Nzambe akomi buku, boye ezali mpenza ete buuku yango ekosunga mingi. Kasi ata soki mokomi azali na kolakisama malamu mpe andimama, soki ye azali moto na mabondeli mpe na kokila te mpe ye asololaka na Nzambe te, boye ekoki komonana ete ba buku yango mikoki te mpenza na kosunga. Ezali mpo ete buku ekomamaki kaka na mayebi na mokomi ye moko mpe bwanya.

Na nini Paulo atatolaki? Atatolaki kaka Yesu Christu oyo Abakamaki na ekulusu. Yango tina mosali na Nzambe asengeli kosala. Mosali asengeli nani Yesu Christu Azali, mpona nini Asengelaki koya kati na mokili oyo, mpo nini Abakamaki na ekulusu, mpe lolenge nini Asikola bison a masumu. Asengelaki mpe na koteya mpona lisekwa na Ye mpe na kozonga na Ye mpo ete bana na Nzambe bakoka kozala na elikia na bango kkati na Lola na tango ezali bango kobika kati na mokili oyo.

Yango tina ntoma Paulo azali koloba alingi koyeba eloko moko te soko kaka makambo mana. Kolongwa na tango akutanaka na Nkolo, asosolaki ete boyebi na ye ezalaki lifuti te kasi ezalaki libaku mpona kobikisa milimo na bato.

Na tango biso tozwi ebele na boyebi mpe tokolisi malamu mayele mpe technologie, bato bakomaka na lolendo mpe mingi mingi bango bakoki koloba ete Nzambe Azali te. Ba oyo bazali koluka mpona boyebi na mokili oyo balukaka Nzambe te. Yango tina ntoma Paulo alobaki ete asengelaki na koyeba eloko moko te soko kaka Yesu Christu, bobele se Ye Mobakami na ekulusu'.

Na boye, bango oyo balingi kokoma ba Pasteur to mpe kosala mpona Nzambe basengeli kotanga Biblia na esika na kotanga ba buku makomama na bato bango oyo bazali kokoma na bwanya na bango moko mpe boyebi. Lisusu, basengeli kobondela mpona kozala na lisolo na molimo elongo na Nzambe mpe ba bunda mpona nguya na Nzambe. Yango ezali kaka nzela moko mpona kobikisa milimo mpe koyeisa monene bokonzi na Nzambe.

Kati na Baefese 5:16 ntoma Paulo asengi na bango ete "[Bosalisa ntango na bino misala malamu, pamba te, mikolo izali mabe." Tosengeli kozala na lisolo elongo na Nzambe mpe tobikisa ebele na milimo bazali kokufa na ekeke oyo na bato mabe. Tosengeli kotatola mpona Nzambe na Bomoi mpe tomema bango kati na kondima. Lisusu, tosengeli kobanza ete makambo mana mikosalemaka ten a nzela na boyebi na mokili oyo.

Nazalaki liboso na bino na bolembu mpe na nsomo mpe na kolenga mingi, (2:3)

Liboso na ye kokutana na Nkolo, ntoma Paulo azalaki na bobangi te. Atelemaka na liboso mpona kokanga mpe mpona konyokola bandimi na Yesu Christu. Kasi na tango akutanaka na Nkolo, azalaki elongo na bato kati na bolembu na bango, na bobangi na bango, mpe na kolenga na bango.

Nini yango elakisi? Soki solo tondimeli mpe toyebi Nzambe, basali ba ye basengeli kotalisa bolembu na bango liboso na Nzambe mpe liboso na bandimi misusu. Kaka makasi na koleka ezali Nzambe, mpe tosengeli na kososola ete tokoki te kosala eloko soki Ye Azali na biso elongo te.

Basusu balobaka ete bazali na makoki na koloba malamu mpona boyebi na bango, koyekola, mpe bwanya. Kasi misala na Nzambe ekoki te kokokisama kaka na nzela na biloko mana mike. Ndakisa, toloba ezali na moto alobaka malamu mingi mpe azali na boyebi mpe makoki mpona koloba eye esengela mpona kosangisa miso na ebele. Soki moto wana apesi liteya na Nzambe, bongo ekoka ye komema bandimi na mbongwana mpe babika kati na solo? Eyano ezali ete mpenza akoka te!

Ya solo, ebele bakoki kosimbama mpona koloba oyo na ngonga moko kaka. Kasi koloba na lolenge wana ezali na nguya te mpona koningisa bango ete bakabwana na lolenge na masumu to mpe kolongola mabe kati na mitema na bango. Makoki na moto mpona koyeba mpe kokoka koloba malamu ekoki te komema bango na kobika kati na Liloba na Nzambe. Maloba malamu makoki te kolona kondima katii na mitema na bato. Ikoki te komema bango na kokutana na Nzambe to mpe kobongola bomoi na bango. Boye makambo makosala maloba mana malamu mazali na litomba moko te.

Soki tososoli likambo oyo, tokoki kaka komikitisa mpenza liboso na Nzambe. Tokokoma na bolembu, mpo été tokoki te kosala eloko soki kaka Nzambe Azali elongo na biso.

Ata Yesu Azalaka na bolembu na ba tango misusu, mpe Ye Akimaki kak bato wana bango oyo bazalaki komeka kokanga mpe koboma Ye. Ntoma Paulo azalaki mpe na bolembu mpe alengaki liboso na Nzambe, mpo ete asosolaki malamu mingi ete akokaki te kosala eloko soki Nzambe Azalaki na ye elongo te.

Mpo ete ntoma Paulo azalaki tango nioso na kobanga mpe kolenga wana, atika te kotika kobondela mpona kokoba lisolo na ye na molimo elongo na Nzambe. Azalaki tango nioso na kosenjela, na kolanda eloko mosusu te. Na lolenge oyo tosengeli kokokisa mosala na biso mopesami na Nzambe na bolembu, kobanga, mpe kolenga.

...koloba na ngai mpe esakoli na ngai izalaki na maloba na elengi mpe na mayele te, kasi mpo na komonisa molimo mpe nguya, ete kondima na bino euta na mayele na bato te kasi na

Bwanya na Nzambe

nguya na Nzambe. (2:4-5)

    Molimo Mosanntu Akoki kobanda kosala kaka na tango oyo tobandi kotala pamba boyebi na bison a mokili mpe mayele.
    Tosengeli mpenza komitika mobimba epai na Nzambe mpe totika nioso na maboko ma Ye. Bongo, Nzambe Akoka kokonza mitema na biso, makanisi, mabanzo, mpe bibebu. Soki tozali kobondela mpona bwanya kati na kosalaka nioso mpe na kosalelaka te makanisi na bato, bongo tokoka koyoka mongongo na Molimo Mosantu kowuta kati na motema na biso. Kasi soki tozali kosalela makanisi na biso moko, tokoki te koyoka mongongo na Molimo Mosantu.
    Basusu balobaka ete bakoki te koyoka mongongo na Molimo Mosantu ata ssoki bakobondelaka. Kasi ezali mpenza solo te. Na ba tango misusu, bazali kaka koyeba te ete bayokaki mongongo na Molimo Mosantu.. Toloba ete bolingi kobanda eloko. Awa, soki bokozwa ekateli kolandisama na makanisi na bino moko na kozanga kokanisa Liloba na Nzambe, nde, bokoka te koyoka mongongo na Molimo Mosantu. Kasi soki bozwi ekateli elongo na Liloba na Nzambe oyo ezali solo mpe bosali kolandisama na solo, yango ezali koyoka mongongo na Molimo Mosantu.
    Maloba na Nzambe makowutaka na makanisi na biso te.. Ata soki bazali kotanga Biblia mingi, bango oyo bazali kozwa nguya na Molimo Mosantu te bakoki te kobanza Liloba na Nzambe nan se na ebele na makambo mpe ba kokoso bakutani na yango. Nandimi ete basusu kati na bino bosila kokutana na makambo mana mbala na mbala. Mbala mingi botanga Biblia, kasi na tango bolingi kopesa toli na molimo epai na moto moko, eloko moko ten a motuya ezali koya na makanisi.

Kasi bango oyo bazali koyoka mongongo na Molimo Mosantu ekopesamela bango Liloba na Ye nde bakoki koloba nini ezali bosenga mpona bato bazalali na mposa na toli na molimo. Bango oyo babondelaka epai na Nzambe, ba oyo bakomilatisaka na Liloba na Nzambe bakoyoka mongongo na Molimo Mosantu na tango nioso. Ezali na lolenge oyo nde na kolandaka mokano na Nzambe bakotambwisa tango nioso bomoi na elonga mpe bakokweya ten a komekama na Satana.

Kondima na biso ekoki te kozwama na nzela na bwanya na bato. Tokoki te kozala na kondima mpe tokoki te koyeba Nzambe na bwanya na bato. Ezali mingi mingi bokeseni. Mayele mingi moto akoki kozala na yango mingi mpe na tembe akozala na yango mpe lokola.

Mpo ete ntoma Paulo asosolaki yango malamu mingi mpenza, asalelaki te bwanya na ye, makoki ma ye na koloba, mpe mayebi na ye moko. Atondisamaki na Molimo Mosantu, mpe na kotondisamaka na Molimo, ateyaka kaka Yesu Christu mpe nzela na ekulusu. Atiaki pembeni mayebi ma ye nioso, , mpe asalaki mosala na ye na nguya na Nzambe mpe Molimo Mosantu na nzela na mabondeli. Yango tina misala na kokamwisa mizalaki kosalema kaka na komema matambala iye isimbaki ye epai na babeli (Misala 19:12).

Misala na tubbela miikosalema mpe bato bakombongwana kaka na tango mateya mateyami na nguya na Nzambe. Na tango tolakisi nguya na Nzambe kati na mateya mate yami, boyebi na moto mpe makanisi maye mikopanzana mpe moyoki akoki kondima Nzambe na Bomoi. Oyo ezali nzela mpona bango kozwa kondima, kotubela masumu na bango, mpe babika kati na solo. Na bongo, na tango ezali biso koteya Sango Malamu, tosengeli kotatola Nzambe na Bomoi na kotalisaka nguya na

Nzambe na nzela na mabondeli, kak na maloba mpe na mayele te.

Kasi yango elingi te kolakisa ete tozali na bosenga na boyebi moko ten a mokili mpe tosengeli te kotanga. Oyo nalimboli ezali ete tosengeli te kosalela mayebi na mokili na tango ezali biso kokokisa misala mitali lobiko na milimo. Tosengeli na momesano kotanga makasi na kelasi mpe tomipesa mpenza makasi na bisika na bison a mosala mpona kolendisa basusu mpe topesa nkembo epai na Nzambe.

Ezala tozali kolia, komela, to nini nini ezali biso kosala, tosengeli kobika mpona nkembo na Nzambe. Ezali lolenge moko na kotanga. Ezali kaka ete tokoki te kolona kondima kati na basusu kaka na koyeba na bison a tango ezali biso koteya.

Nzela na Ekulusu, Bwanya na Nzambe

Ata bongo, tozali koloba na mayele epai na baoyo bakoli; ezali mayele na ekeke oyo te soko na mikonzi na ekeke oyo te baoyo bakolimwa; (2:6)

Kino sasaipi, ntoma Paulo alimboli ete mayele na mokili oyo ezali mpamba. Alobaki ete asengelaki kotia pembeni bwanya na bato, mpe azali sik'oyo kolobela bwanya na solo. Awa, 'ba oyo bazali na bokoli' elakisi ba oyo bakoli kati na kondima, bango bazali kotelema na libanga na kondima, mpe bango bazali kolia bilei makasi.

Tika ete biso totala kati na bwanya mpenza mpenza na mozindo. Yakobo 3:17 elobi ete, ""Nde bwanya mauti na Likolo ezali liboso na mpeto, na nsima ezali na kimia na boboto, na kotosa noki, matondi na mawa mpe na mbuma malamu, na ntembe te, na bokosi mpe te."

Bwanya oyo euti na likolo. Epesami na Nzambe na lolenge elongoli biso oyo ezali malamu te kolandisama na Liloba na Nzambe mpe tobiki kati na Liloba na Ye. Mingimingi, soki tobiki na Liloba, tokozala petwa, na kimia, malamu, na konsosolama, totondisami na mawa mpe ba mbuma malamu. Tokoningananingana te mpe na bilongi mibale te. Tokoki kozwa bwanya euti na likolo na lolenge eye tokokisi Liloba na Nzambe kati na biso. Lisusu, tokoki kozwa mayele ezanga suka mpe ndelo, yango oyo euti Likolo soki tokei na kati na kondima ekola.

Ba oyo bakomi na etape oyo kati na kondima bakoloba te ete bakoki te koteya Sango Malamu mpo ete bayekola mingi te. Bango bakotiela mayebi na bango moko motema te kasi bwanya na likolo. Mpona bato oyo bakomi na boyebi oyo, Mati 10:19-20 elobi ete, "Wana ekokaba bango bino, bomitungisa te soko bokoloba nini. Pamba te bokozua likambo likokoka na bino koloba bobele nan tango yango. Mpo ete bino mpenza bokoloba eloko te kasi Molimo na Tata na bino Akoloba na bino."

Mpona kozwa bwanya euti na likolo, tosengeli kobwaka bwanya na mokili mpe mayebi. Nini mpenza esengeli na biso kobwakisa? Esengeli na biso kobosana mayebi lokola moko likolo na miballe ezali misato"? soko te!

Tosengeli kolongola mayebi mazali kotelemela Liloba na Nzambe. Ndakisa na lolenge oyo ezali koloba ete ba makaku bambongwana mpona kokoma bato. Tokoki kososola ete makambo na lolenge eye mazali solo ten a tango tososoli solo bosolo. Tokoki kondima été Nzambe Akelaka Ba Likolo mpe mokili mpe biloko nioso kati na yango kaka sima na biso kokabwana na mayebi na lolenge oyo na mokili.

Eteni 6 elobi ete, "...mayele na ekek oyo te soko na mikonzi na ekek oyo te baoyo bakolimwa." Awa, bakonzi bazali basali na mbula matali. Etali Bafalisai, bakomi na mibeko, ban ganga Nzambe, mpe ba wana bazalaki na ebonga na kokamba.

Mpona oyo etali bisoo lelo, liloba 'bakonzi' etalisi balakisi na bokonzi, mpe makambo mana ekoki na biso koyekola. Boye ata balakisi to mpe ba buku ikoki kozala bakonzi na biso. Na tango naino toyebaka solo te, tozwaka boyebi na lolenge nioso mpe mayele. Kasi tosengeli kobwakisa mingi kati na yango na tango toyekoli solo.

Ndakisa, soki bozali na malali, ezali boyebi esengeli mpe esalelo na bato été bakenda na lopitalo mpe bazwa lisungi esengeli na bango kozwa. Kasi bana oyo na kondima bango oyo bazali kondimela nguya ezanga suka na Nzambe bakoki kobika mpenza na nzela na kobondela. Lobiko na Nzambe ekoki te kopimama na lisungi moko na lopitalo soki wapi, mpo été yango ekozala na kokoka mpe na kotika pasi to mpe nini na sima te.

Kasi bakonzi na mokili oyo bakondima eloko oyo te ; bango bakobenga yango liboma mpenza.

Yango ezali bwanya na bakonzi. Na bwanya yango, bakoki te kondima solo.

...Nde tozali kolobaka mpona mayele mabombami na Nzambe, oyo nan kuku, oyo Nzambe Alakisaki liboso na ekeke mpo na nkembo na biso; (2:7)

Nzambe Akelaka ba likolo mpe mokili mpona kozwa bana na solo solo mpe Asala biloko nioso bisengelaki mpona ntina na koleka na baton a nse na moi. Nzambe Ayebaka na tango nini Adamu akobuka mobeko mpe akokokende nzela na kufa. Kowebaka yango, Nzambe Abombaka mokano na lobiko eye esengelaki koya na nzela na Yesu Christu. Yango tina Yesu Christu Azali sekele ebombamaka liboso na kobanda nan tango.

Na tango Yesu Christu Amonani liboso na bato, bakonzi na ekeke oyo basosoolaki Ye ten a mayele na bango. Babakaki Yesu na ekulusu. Moyini zabolo amemelaka bato kaka mayele mpe boyebi na mokili. Zabolo asosolaki te mayele na Nzambe, mpe akanisaki ete akokoka kozala na nguya na bokonzi na mopepe mpona libela, kasi kak sooki aboomaki Yesu.

Longwa na tango na mbotama na Yesu moyini zabolo amekaka ba nzela nioso misengela mpona koboma Yesu. Sukasuka, atindikaki bakonzi na ekeke oyo mpona kobaka Yesu na ekulusu, mpe akanisaka ete azalaki na elonga. Kasi yango ezalaki na bwanya na Nzambe.

Mobeko na molimo elobi ete lifuti na lisumu ezali kufa. Liboso na ye kolia mbuma epekisama na kolia, Adamu azalaki na lisumu te mpe kufa ezalaki te. Kaka sima na kozanga kotosa ye nde Adamu elongo na bakitani ba ye bayaki na kokutana na kufa. Soki moto asumuki, suka suka akokutana na kufa. Kasi zabolo abomaki mozangi lisumu Yesu oyo Azalaki soko na lisumu na makila ma ye te to mpe masumu eye Asalaki. Yangon a tango zabolo amemaki baton a koboma Yesu, ezalaki na kobukama na mobeko na mokili na molimo.

Na ebandeli, Adamu azalaki na bokonzi na kokonza likolo mpe na totia nan se eloko nioso na mokili. Kasi lokola lifuti na zabolo koboma Yesu Mozangi lisumu, zabolo asengelaki kozongisa nguya na ye likolo na bikolo. Kobanda mokolo wana kino lelo, moto nani andimeli Yesu Christu akoki kobikisama. Yango ezali nzela na ekulusu' eye ebombamaka liboso na ebandeli na tango. Ezalaka mabongisi na Nzambe mpona kobikisa basumuki. Boni kokamwisa bwanya na Nzambe ezali!

Nzambe Apesaka na biso bwanya euta na likolo na tango tokabwani na bwanya na zabolo oyo ezali bwanya mpe boyebi na batambwisi na ekeke oyo. Soki tozwi bwanya na Nzambe euta na likolo, tokoki kosepela nkembo ezanga suka na mokili.

Bongo, mpo nini ezali koloba ete tokozwa nkembo na tango kaka Nzambe nde Asengeli na kozwa nkembo nioso? Topesaka nkembo epai na Nzambe Tata na makambo nioso, ezala na kolia na biso, komela, to mpe nini nini ekosalaka biso. Boye, Akozongisela biso oyo na kopo ekakama, mpe eningisama mpe ezali na kosopana sima na Ye kozwa nkembo mpo ete Alingaka kopesa.

Azali mpe kopesa na biso mabonza na Lola. Boye, soki topesi nkembo na Nzambe, ezali mpe sima na nioso, komipesa mpe biso moko nkembo mpe lokola. Nzambe Azali komema bison a lobiko, mpe na bomoi na seko longwana kufa, nde bongo, yango ezali mona nkembo na biso.

Yesu mpe na tango nioso Azalaka kopesa nkembo epai na Nzambe Tata. Kasi Yoane 17:10 elobi ete, "Nazwi nkembo epai na bango." Mpo ete Yesu Azwaki libonza na kofanda na loboko na mobali na Ngwende na Nzambe mpe bokonzi na kokonza bikolo nioso. Azwa nkembo.

Moko ya mikonzi na ekeke oyo ayebi yango te. Pamba te soko bayebaki yango mbe babomaki Nkolo na nkembo na ekulusu te. Nde pelamoko esili kokomama, "Yango liso moko emoni te mpe litoi moko eyoki te, mpe yango motema na moto ebanzi te, Nzambe Abongisi makambo yango nioso mpo na bango bakolingaka Ye." (2:8-9)

Bakonzi misusu mpe na mokili oyo bandimelaka Nzambe, kasi ezali koloba ete, "mayele eye moko ten a bakonzi na ekeke oyo basosolaki." Yango elakisi soki toyekolisi mpe tozaleli mayele na mokili, tokoka te kososola Yesu Christu. Soki bango bayebaka bwanya na Nzambe, balingaki te kobaka na ekulusu Yesu.

Balakisi wana bakabwanaka na mayele na bango na mokili te mpe yango tina bakki te kozwa bwanya euta likolo. Yango tina bayebaki te Yesu Christu, libombami ebombamaka liboso na ebandeli na tango, kasi bango babakaki Ye na ekulusu.

Eteni 9 elobi ete, "Yango lisu moko emoni te mpe litoi moko eyoki te, mpe yango motema na motoebanzi te, Nzambe abongisi makambo yango nioso mpo na bango bakolingaka Ye. » Bango oyo bazali kolakisa boyebi na mokili oyo oyo ekeseni na Liloba na Nzambe mpe bazali te kosalela Liloba na Nzambe bakoki te komona to koyoka ata soki bango bazali na miso mpe matoi. Bakoki te koyoka mongongo na Molimo Mosantu, mpe bakonyokolaka bango oyo bateyi Liloba na solo epai na bango. Suka suka, bango bazali kobaka Yesu na ekulusu.

Bongo, nini bango bakoki te komona, koyoka, to kobanza? Ezali mpo ete bango bakomi bakufi miso na molimo likolo na mayebi na bango na mokili eye ezali kotelemela solo. Na boye, ntoma Paulo apesaki bango toli ete bakabwana na boyebi na mokili eye ezali kobundisa Liloba na Solo mpe bazwa bwanya na Nzambe mpona kobika bomoi epambolama.

Ngolu na Nzambe Esosolama na Nzela na Molimo Mosantu

Nzambe Amonisi biso yango na nzela na Molimo, mpo ete Molimo Akolukaluka makambo nioso, ata makambo na bozindo na Nzambe. (2:10)

Tokoki soko kokutana soko kososola Nzambe na boyebi mpe mayele na mokili oyo. Kasi soki tofungoli motema na biso mpe toyambi Yesu Christu, tokozwa likabo na Molimo Mosantu nwana nde tokoka koyeba mpe kokutana na Nzambe. Molimo Mosantu Azali Molimo na Nzambe, mingi mingi motema na Nzambe. Bongo, lolenge nini Molimo Mosantu Akomema biso mpona koyeba mpe kokutana na Nzambe?

Molimo Mosantu Azali koyekolisa na biso ete Nzambe Azali Mokeli mpe Tata na biso. Ememaka bison a koyeba libombami eye ebombamaka liboso na kobanda na tango. Ezali libombami eye bakonzi na ekeke oyo basosoli te. Azali koyekolisa biso mpona oyo etali Yesu Christu mpe Azali komema bison a kozala na kondima na koyekolisaka biso mpona oyo etali Lola mpe Lifelo. Molimo Mosantu Azali motema na Nzambe Bulee mpe esengeli ete Akoka na kolukaluka ata mozindo na makambo na Nzambe.

Na tango Molimo Mosantu Ayei epai na biso, Akosekwisa molimo na biso mokufa mpe komema biso kati na solo. Lisusu, Azali kondimela biso mpona kotatola ete Yesu Azali Nkolo na biso. Azali mpe kotatola ete tozali na Nzambe.

Lisusu, Molimo Mosantu Akolyekolisa biso mpe kobanzisa bison a makambo nioso oyo Yesu Ayekolisa biso. Lokola Yoane 14:26 elobi ete, "Kasi Mosungi, Ye Molimo Mosantu oyo Tata Akotinda na nkombo na Ngai, Ye Akolakisa bino makambo nioso mpe Akokanisela bino makambo nioso masili Ngai kolobela bino." Azali mpe kosunga biso kati na bolembu na biso mpe Akokisaka yango mpona biso kobondela kolandisama na mokano na Nzambe.

Molimo Mosantu Ayebi mpenza mpenza motema na Nzambe mpe Alingi mokano na Nzambe kokokisama. Bongo, Azali kosunga bana na Nzambe babondela kolandisama na mokano na Nzambe. Lisusu, lokola elobami kati na Bagalatia 5:22-23, "Nde mbuma na Molimo Ezali boye; bolingo, esengo, kimia, motema petee, boboto, malamu, kondima, bopolo, mpe komikanga motema. Mibeko kotelemela makambo yango ezali te." Na nzela Na ye tokoki kobota mbuma na Molimo. Azali kotambwisa biso mpo ete tokoma baton a molimo bango oyo bazali kosalela mokano na Nzambe.

Na kati na bato nani ayebi makambo na moto? Bobele

molimo na moto te? Boye mosusu ayebi makambo na Nzambe te, bobele Molimo Mosantu Ayebi yango. (2:11)

Ntoma Paulo alobeli molimo na moto mpona kolimbola mpona Molimo Mosantu. Moto moko te ayebi makanisi na moto kaka molimo na moto oyo ezali kati na ye. Lolenge moko, Molimo Mosantu Ayebi mozindo na makambo na Nzambe. Na tango Molimo Mosantu Ayei epai na biso, tokoyeba mpe makambo na Nzambe, nde bongo, tokozwa mpe mayele na Nzambe mpe tososola mozindo na makambo na Nzambe.

Kasi awa, Paulo akokaki koloba ete ezali motema to mpe molema na moto nde eyebi makanisi na moto, kasi mpona nini alobaki ete ezalaki molimo na moto kati na ye? Awa ezali na limbola na mozindo na molimo.

Na tango toyambi Yesu Christu mpe tozwi likabo na Molimo Mosantu mpe tobiki lokola bana na Nzambe, motema na biso ezali 'molimo yango mpenza. Kasi tosengeli kososola mpe koyeba ete ezali na motema mpe na molimo na moto.

Kati na Genese, sima na Ye kokela moto na liboso Adamu, Nzambe Alobaki na ye ete, "Yo okoki kolia mbuma na nzete nioso na Elanga, nde mbuma na nzete na koyeba malamu na mabe yo okoki kolia te pamba te mokolo okolia yango okokufa solo" (Genese 2:17). Sima YAWE Nzambe Alobi ete, "ezali malamu te moto azala ye moko. Nakosalela ye mosungi mobongi na ye." (et.18), mpe azwaki mokua na mopanzi epai na Adamu mpe na yango Apesaki na ye mwasi mpo ete bakoma mosuni moko.

Nzambe Atiaki Adamu mpona kokonza likolo na nioso mpe Apambolaki moto na tango Alobaki ete, "Bobotaka mpe bozala na kobota mingi, botondisa mokili mpe botia yango nan se na bino; mpe bozala na bokonzi likolo na mbisi na mai, mpe nan deke na likolo, mpe likolo na nyama nioso na bomoi ikotambola kati na mokili" (Genese 1:28).

Mokolo moko Satana amekaki Ewan a nzela na nyoka, "Nzambe Alobaki solo ete bino bokoki kolia mbuma na nzete nioso na Elanga te?" (Genese 3:1)

Ewa azongisaki monoko ete, "Tokoki kolia mbuma na nzete na Elanga. Kasi mpona mbuma na nzete yango katikati na Elanga Nzambe Alobi ete, 'Bino bokolia yango te, mpe bokomama yango te ete bokufa te.'" (et.3). Nzambe Alobaki ete, "Bokokufa solo," kasi Ewa alobaki ete, "ete bokufa te," ayebaki na malamu te.

Bongo Satana ayaki na komeka lisusu mingi Ewan a kolobaka ete, "Bino bokokufa solo te, mpo ete Nzambe Ayebi na mokolo bino bokolia yanngo, miso na binoo makofungwama, mpe bino bokozala pelamoko na Nzambe, koyeba malamu mpe mabe" (ete.3-4). Sukasika Ewa aliaki mbuma mpe apesaki yango na Adamu, mpe Aliaki mpe yango lokola. Bango bakosamaki mpe batosaki Nzambe te mpo ete babatelaki Liloba na Ye te.

Lolenge elobaki Nzambe ete, "Bokokufa solo," na tango Adamu aliaka mbuma epekisama kati na Elanga na Edene, molimo na ye ekufaki. Kobanda ngonga wana akokaki lisusu te kosolola na Nzambe. Kasi Yoane 3:6 elobi ete, "Oyo ebotami na mosuni ezali mosuni mpe oyo ebotami na molimo ezali molimo." Lolenge elobama, na tango tondimeli Nkolo, Molimo Mosantu Ayei kati na biso mpe Apesi bomoi na molimo na biso. Mingi mingi, Akososolisa biso nini lisumu ezali, nini boyengebene, mpe kosambisama ezali nini. Azali kolakisa biso Liloba na Nzambe, mpo ete molimo na biso mokufaka esekwa mpe tokola na kokoma baton a molimo. Yango etalisami na lolenge na Molimo kobota molimo.

Na bongo, soki Molimo Mosantu Azali te, molimo na biso eye ekufaka ekoki te kosekwa to tokoki te kobota molimo na biso. Tokoka bongo kososola Liloba na solo, tozwa yango lokola bilei na biso na molimo, mpe tobika bomoi na mooto na molimo mpona kokoma mpenza baton a molimo. Yango esalemaka kaka na nzela na Molimo Mosantu. Tokokisa elilingi na Nkolo kaka na nzela oyo.

Basakoli elongo na bayekoli na Yesu bango nioso bakomaki baton a molimo na nzela oyo mpe bazalaki kosolola na Nzambe mpo ete bakoka kotalisa misala oyo na nguya na Nzambe kati na kokokisa na bango Bokonzi na Ye. Yoane 14:12 elobi ete, "Solo solo Nazali koloba na bino ete, 'ye oyo akondima Ngai, misala mizali Ngai kosala akosala yango mpe lokola, mpe akosala yango ekoleka oyo mpo ete Nazali kokenda epai na Tata." Soki tokomi moto na molimo, tokokoka kotalisa bilembo mpe bikamwiseli mpe tosala ata makambo maleki oyo mpona nkembo na Nzambe.

Liboso Adamu kolia na nzete na koyeba na malamu mpe

mabe, ezalaki na ntina moko ten a kososola kati na motema mpe molimo. Molimo na ye ezalaki motema na ye yango mpenza. Kasi longwa mokolo asumukaki mpe molimo na ye ekufaki, bosolo te eyaki kati na mitema na bato. Ezali na esika oyo nde motema na moto ekabolamaki na motema na solo mpe na motema na solo te. Tozali na ba lolenge mibale oyo na mitema. Eteni moko elingi kolanda mposa na Molimo Mosantu mpe eteni mosusu elingi kolanda mposa na nzoto.

Na lolenge mosusu, tozali na mposa na kolanda solo, bolamu, mpe molimo, mpe mposa mosusu na koluka solo te, mabe, mpe mosuni. Molimo mingi tokomi na yango, makasi mpe ekozala na biso mpona kokonza ba mposa na mosuni mpe tolanda ba mposa na Molimo Mosantu. Soki tokonzi ba mposa na mosuni na mobimba na yango, tokomona pasi moko te mpona kobika bomoi kati na Christu, kasi tokozala kaka na esengo mpe na kosepela kati na yango.

Kasi soki tozali na mposa makasi mpona kolanda nzoto, tokobweyaka solo na bitumba na bison a molimo. Soki motema na biso ekabolami solo na biteni mibale na kozala eteni moko oyo ezali kolanda makambo na nzoto mpe eteni mosusu ezali kolanda makambo na molimo, boye kobika bomoi kati na Christu ekozala pasi mpo ete ezali tango nioso na bitumba makasi. Kasi soki tozali na posa makasi na kolanda Molimo Mosantu, nde wana tokokende na nzela na kobika bomoi kati na elonga. Soki tokobi kobota molimo na nzela na Molimo na nzela oyo, tokokoka kokabwana na makambo mazangi solo kati na motema mpe mitema na biso mikotondisama mpenza na solo. Boye, molimo mpe motema na biso ikozala moko. Kaka molimo kati na moto eyebi makanisi nioso na moto. Bokoki kokanisa ete boyebi motema na bino malamu mingi, kasi yango ezali solo te. Ndakisa, ebele na bato bazwaka mokano na mbula o mokolo na mbula na sika. Basusu bazwaka mokano na kobika kaka kolandisama Liloba na Nzambe mpe basusu bakozwaka mokano na komeka na koleka mpona koyeisa bombongo na bango monene.

Batango misusu bakoki kozwa ekateli na kotanga makasi koleka mpe kozwa ba points malamu. Soki bato oyo babateli mokano na bango kaka mpona ndambo na mbula, ezali eloko moko malamu mingi mpe na kokamwisa. Elakisi été bayebi ata te mitema na bango. Toloba été bozali kobondela Nzambe mpona likambo na misolo. Bokoki koloba na Nzambe ete, "Nzambe, soki Opamboli ngai na misolo, Nakosunga bazangi mpe kosalela yanngo mpona nkembo nay o! Oyebi motema na ngai mpe nasengi Oppambola ngai!" Kasi na mingi na bango bakozwaka te eyano na mabondeli na bango.

Nzambe Alingi kopesa na bana na Ye na tango bazali kosenga, nde mpo nini Azali kosala yango te ? Ezali mpo été Ayebi mitema na bango.

Bakoki kokanisa ete bakosunga babola mpo ete bango moko mpe banyokwamaki na bobola, kasi kaka Nzambe nde Ayebi mozindo na motema na bango. Nzambe Akoki te kopambola bango soki Azali kokanisa ete, "Te, soki Nappesi yo mapamboli na misolo, okokoma yo mpenza mosika na Ngai. Okolinga misolo koleka Ngai, okobondela te, mpe mokemmoke okokweya kati na mokili."

Solo, ezali na mua moke na bato bango oyo batikaka kobondela mpe bakweyaka kati na mokili na tango ezwi bango mapamboli na misolo. Na tango bazali na bosenga, bazali kosala nna molende mpona bokonzi na Nzambe, kasi na tango bazwi mapamboli, bamikomisi mosika na Nzambe. Bakomilongisa ete bango bazali na misala mingi to mpe bazali na ngonga te. Mpona makambo oyo, bokomona solo ete bazali bapambwami na koleka na tango bazwi mapammboli na misolo te mpo ete bakoka kokima Nzambe te.

Ezali na lolenge oyo nde toyebi te mitema na biso moko, kasi molimo kati na biso ayebi. Ba oyo bakomilatisaka na bibundeli na Liloba na Nzambe mpe babika solo mpenza kati na solo bango bayebi mitema na bango. Bayebi soko to te bazali na bokosi to mpe soko bakoka kobatela bilaka na bango. molimo na bango ekososolisa bango makambo oyo, mpe bakomikosa te liboso na Nzambe.

Ndakisa, bango bakobondela kaka te nde ete, "Nzambe, Nakosala yango!" Bkoloba eloko lokola ete, "Nzambe, nakolinga kosala yango, nde pesa ngai makasi na Yo mpe sunga ngai!" Nzambe Alobi na biso ete tokataka ndai te soko na likambo nini (Matai 5:34). Soki tolapi ndai, Satana akoki komeka kotungisa biso nde tokokoka kobatela yango te. Yango tina tobondelaka été, « Nzambe, sunga ngai mpe pesa na ngai makasi na kosala yango."

Kasi soki molimo na bino esosoli été solo bokoki kosala eloko, bokokoka koloba kati na kobondela na bino été, "Nzambe Nakosala yango, nasengi été Osunga Ngai," mpe solo okomona yango kosalema. Mpo été opesaki elaka liboso na Nzambe mpe na yo moko, bokosala yango mpenza. Molimo na solo kati na biso Ayebi mozindo na makanisi na biso, mpe Akoki kobondela mppenza kolandisama na likambo na biso.

Kasi soki biso tozali naino moto na molimo te, tokokoka mpenza te koyoka mongongo na Molimo Mosantu. Tokoka kaka komitala biso moko na motema na biso, mpe tokoka te mpenza kososola makambo na mozindo. Yango tina tokoki te mpenza koyebela mpona lobi ekoya.

Ezali na eloko moko tosengeli na kokanisa. Ekomama ete, "Nani kati na bato ayebi makanisi na moto soko molimo na moto oyo ezali kati na ye?" soki bokomi moto na solo, bokokoka kokima ata makambo makomemaka makama, mpo ete Molimo Mosantu Akotika bino boyeba mpona yango na nzela na ndoto, lisungi, to mpe mongongo kati na motema, to mpe na tango na mabondeli na bino. Molimo mosantu Alukakalukaka ata mozindo na makambo na Nzambe, mpe Akososolisa biso. Na lolenge oyo tokomi moto na molimo, tokoyoka mongongo yango na Molimo Mosantu malamu koleka.

Bongo, soki bososoli malamu Liloba na molimo na Nzambe mpe bososoli solo, ezali eloko moko na komesana mpona bino kosolola na Nzambe. Bongo ekozala eloko na komesana mpo ete bino bokoka na kosolola na Nzambe. Bokokoka kosala lolenge elongobani kati na nioso soki bokomi bato na molimo. Molimo Mosantu Azali kati na biso, mpe soki toyoki mongongo na Ye, tokoka kososola motema mpe mokano na Nzambe mpe tosepelisa Ye.

Biso toyambi molimo na mokili te kasi Molimo euti na Nzambe, ete tososola makambo oyo Nzambe Apesi na biso. (2:13)

Ba oyo bandimi Yesu Christu mpe bayambi Molimo Mosantu bazwi likabo na Molimo na Nzambe, kasi molimo na mokili oyo te. Bongo, nini molimo na mokili ezali? Ezali molimo na zabolo, molimo na kokosa, mpe molimo na lokuta.

Ata kati na bandimi kati na Nzambe tokoki komona basusu oyo bazwa molimo na kokweisa mpe na lokuta. Ndakisa, ezali na bato oyo balobaka ete bakoki te kondima na bilembo mpe na bikamwa oyo ekomama kati na Biblia.

Biblia ekomi ebele na bilembo mpe na bikamwisi mimonana. Makambo mana masalemaka mpo ete Nzambe Akela biloko longwa na eloko te. Yango, ezali malamu te kozanga kondima Nzambe na makanisi na moto ye moko mpe na boyebi na ye. Bato wana bakoki koloba ete bandimela kasi naino baboti te molimo na nzela na Molimo. Bango bazali bana na Nzambe te.

1 Timote 4:1 elobi ete, "Kasi Molimo Ezali koloba polele ete, nan tango na nsuka basusu bakopengwa longwa na kondima mpona kobila milimo na kozimbisa mpe mateyo na milimo mabe." Tokokosama te soki biso totelemi ngwi na libanga na kondima. Bango oyo bakobwakisaka kondima na

bango bakolanda milimo na lokuta mpe mateyo na milimo mabe.

Ndakisa, na tango Biblia elobi na biso ete tonganga kati na kobondela, tosengeli solo kotosa yango kati na kobondela na biso. Kasi bato misusu bakomekaka kopekisa basusu na konganga kati na kobondela na kolobaka ete Nzambe Akufa matoi te. Lisusu, Liloba na Nzambe elobeli biso ete tosanganaka na tango nioso, kasi basusu balingi te kosangana na kolobaka ete bango bazali na misala mingi. Makambo mana mazali malakisi na milimo na kozimbisa.

1 Yoane 4:3 elobi ete, "molimo nioso oyo oyo ezali kotatola Yesu ezali na Nzambe te; yango ezali molimo na motelemeli na Christu, oyo boyokaki ete azali koya, mpe sasaipi azali kati na mokili." Eteni 6 elobi ete, "Ye oyo azali moto na Nzambe te, akoyokaka biso te ; na yango tokososola molimo na makambo na solo mpe milimo na lipengwi."

Kati na Emoniseli 16:13 ekomama ete, "Namoni milimo na mbindo misato lokola mbemba kobima na monoko na dalagona, mpe na nyama, mpe na mosakoli na lokuta." Ezali kolobela mpona milimo na mbindo. Emoniseli 16:14 ekobi koloba ete, "Mpo ete bazali milimo mabe kosalaka bilembo, ba oyo bakeyi epai na mikonzi na mokili nioso mpona koyanganisa bango mpona etumba na mokolo yango monene na Nzambe Mozui-na-Nguya-Nioso." Ezali kolobela milimo na ba demona.

Emoniseli 18:2 elobi ete, "Angangi na mongongo makasi mpe alobi ete, 'Ekwei, Babele monene ekwei! Esili kokoma efandelo na milimo mabe, na boloko na milimo na mbindo nioso, na boloko na ban deke nioso na mbindo bayinami.'"

Soki moto azwi molimo na mokili lokola na likolo, akolongwa na solo mpe akolanda mokili. Mpona ye kolanda Liloba na Nzambe ekomonana kutu nkamwa. Mpona ye ekokoma eloko moko na komesana mpo ete abandi kozwa misala na milimo mabe mpe milimo na kopengwisa.

Kasi bana na Nzambe na solo bazwaka te molimo na mokili kasi kaka Molimo na Nzambe, Molimo Mosantu. 1 Bakolinti 2:12 elimboli tina na kopesa na biso Molimo Mosantu. Elobi ete, "Biso toyambi molimo na mokili te kasi Molimo na Nzambe ete tososola makambo oyo Nzambe Apesi na biso."

Soki tofutami mpona mosala na biso, ezali ngolu te. Tofutami kaka mpona yango esali biso. Kasi soki tozwi eloko na kosalaka mosala moko te, ezali ngolu.

Tobikisami te mpo été tosalaki eloko to mpo été tobikaki bomoi na boyengebene. Matai 9 :13 elobi été, « Nayaki te kobianga bayengebene, kasi basumuki. » Yesu Ayaka kobenga basumuki. Tokoki sasaipi kobwakisa masumu mpe tobika bomoi na boyengebene mpo été Yesu Abianga biso oyo tozali basumuki. Tolimbisami na masumu na nzela na Yesu Christu mpe tokoki kolonga mokili na nguya na Nzambe.

Makambo na Molimo Masosolamaka na Nzela na Molimo

Tokolobaka mpe oyo na maloba malakisami na mayele na bato te kasi maloba malakisami na Molimo Mosatu, awa ekopimaka biso makambo na molimo na maloba na molimo. (2:13,)

Ntoma Paulo ateyaki te Sango Malamu na mayele na koloba to mpe malakisi na bato. Alobelaki mpe mpona buku moko te to mpe malakisi misusu kasi Alakisaka kaka oyo Molimo Mosantu Alakisaki ye.

Ezali na ebele na bato oyo bazalaka na mayele mpe boyebi na mokili. Kasi kozala na boyebi emata na mokili ememaka moto na kosala malamu te mosala na Nzambe malamu na koleka. Ndakisa, ata mokonzi na companie akoki tango mosusu te kosala ata mosala moke kati na lingomba.

Yango tina 1 Bakolinti 2:4 elobi été, "Koloba na ngai mpe esakweli na ngai, ezalaki na maloba na elengi mpe na mayele te, kasi mpona komonisa Molimo mpe nguya." Mosala na Nzambe ekoki te kokokisama na boyebi mpe mayele na bato. Masengeli kosalema kaka na kotalisama na nguya na Molimo.

Ezali lolenge moko na bolamuki kati na mangomba. Bato misusu bakenda sango bango oyo bazalaka bakonzi na ekolo to mpe balakisi na ba universite mpe bakambi kati na mokili bakoma basali na Nzambe.

Tokoki kokanisa ete bango bakoka komema bolamuki monene kati na lingomba mpo ete bango bazali na ebele na boyebi mpe mayele. Kasi yango esalemaka solo bongo te. Mosala na Nzambe ekoki te kokokisama na nzela na bwanya mpe boyebi na moto. Tosengeli kosala mosala na Nzambe kaka kolandisama na kolakisama na Molimo Mosantu. Ninini Ye Alakisaka? Tika ete biso toyeba yango kati na Biblia lolenge nini Asalaka mpona kosekwisa molimo ekufaka mpe Atambwisa molimo esekwa na kati na solo.

Yoane 14:26 elobi ete, "Kasi Mosungi, Ye Molimo Mosantu oyo Tata Akotinda na nkombo na Ngai, Ye Akoyekolisa bino makambo nioso, mpe Akokanisela bino makambo nioso masili Ngai koloba na bino." Tosengeli kozwa kolakisa oyo mpe kotambwisama na Molimo Mosantu.

Luka 12:11-12 elobi ete, "Mpe wana ekokamba bango bino liboso na biyanganelo, mpe liboso na mikolo, mpe liboso na mikonzi, tungisa mitema te. Soko bokosamba boni, mpe soko bokoloba nini; mpo ete nan tango yango Molimo Mosantu Akolakisa bino makambo makoki na bino koloba." Boye, ekozala na mbeba moko te soki ezali biso koyoka mongongo na Molimo Mosantu mpe tolandi kotambwisama na Ye.

Na nioso ezali biso kosala, soki Molimo Mosantu Azali kosala te, tokozala kaka na makanisi na bomoto, nde bongo tokoka te komona nguya na Nzambe. Na boye, tosengeli kosala na nzela na kotalisama na nguya na Molimo, kasi na mayele mpe boyebi na bato te.

Makambo na Mosuni mpe Misala na Mosuni

Eteni 13 esilisi na maloba ete, "...awa ekopimaka biso makambo na molimo na maloba na molimo" Nini ezali makambo na molimo? Soki ezali na makambo na molimo, esengeli kozala na makambo mazali na molimo te. Tika ete yambo na makambo mazali naino molimo te. Mizali kolobela makambo na mosuni mpe misala na mosuni.

Makambo na mosuni mizali bilembo na masumu mye mikoki kokundolama mpona kokoma misala na masumu, lokola likunia, zua, to koyina.

'Mosuni' kati na Biblia ezali lolenge na kolakisa 'misala na masumu mpe lolenge na masumu.' 'Misala na mosuni' elakisi bizaleli na masumu mimonani polele. Soki tozali na mposa na kobeta moto moko, ezali 'eloko na mosuni,' mpe soki solo tobeti moto yango, ezali mosala na mosuni.'

Baloma 13:14 elobi ete, "Kasi bolata Nkolo Yesu Christu lokola elamba. Kasi bokanisa te kosepelisa mposa na nzoto."

Bagalatia 5:19-21 elobeli mpona misala na nzoto ikotelemelaka makambo na molimo. Elobi ete, "Misala na nzoto imonani polele, yango oyo: ekobo,, makambo na bosoto, pite, kosambela bikeko, ndoki, nkaka, kowelana, zua, nkanda, kolulela, kokabwana, koponapona, koboma bato, kolangwa masanga, bilambo na lokoso mpe makambo na motindo yango. Nazali kokebisa bino lokola ekebisaki ngai bino liboso ete baoyo bakosalaka makambo yango bakosangola bokonzi na Nzambe te."

Misala mana na nzoto mizali kosala biso moko mabe mpe mikomemaka mpe pasi epai na basusu. Mikopekisaka bison a kosangola bokonzi na Nzambe mpe mpona kozwa biyano na Nzambe.

Boye, 'makambo na molimo' milakisi kolongwa to mpe kokabwana na makambo na nzoto mpe misala na nzoto. Na tango ekomi bison a esika oyo, tokozala na kosolola na Nzambe, tozwa biyano na nini nini esengaki biso, mpe topesa Ye nkembo.

Bana na Nzambe bazali na nzela na kokoma baton a molimo, mpe ebele na bandimi bazali naino te bato na kokoka kati na molimo mpona kondimama epai na Nzambe. Moto moko na moko azali na etape ekesana kati na kondima, mpe tokoki kososola malamu makambo na molimo kaka na tango tokoti kati na bitape na molimo.

Kasi moto na mosuni akoki koyamba makambo na Molimo na nzambe te mpo ete mazali na ye bolema; akoki koyeba yango te pamba te molimo akososola yango. (2:14)

Awa moto na mosuni elakisi moto oyo azali kobatela Liloba na Nzambe te mpe naino asili kokota na solo te, mingi mingi ye oyo alingaka mokili mpe azali naino na ba mposa na mokili kati na ye.

Baton a lolenge oyo bakoki te koyoka mongongo na Molimo Mosantu mpe bakoki te kotambwisama na Ye. Molimo

Mosantu Ayekolisaka biso tango nioso mpe Atambwisaka biso, kasi soki matoyi na molimo makangama mpona koyoka mongongo na Ye, makambo na molimo makoki te kososolama. Moto na nzoto akanisaka ete moto na molimo azalaka mpenza zoba mingi.

Ata soki tozwi mapamboli te kati na bombongo na biso to na esika na mosala, kobika kati na Liloba na Nzambe ezali lipamboli. Baton a mokili bamesana koloba ete soki moto azali na bozwi nde apambolama, kasi Biblia elobi te ete kopamboama na Nzambe ezali kaka mpona lipamboli na misolo.

Nzembo 1:1-2 elobi ete, "esengo ezalina moto oyo aboyi kobila toli na bato mabe, oyo atelemi na nzela na baton a mosuni te, oyo afandi esika moko na batioli te; kasi mposa na ye ezali kati na mobeko na YAWE; akokanisa mpe mobeko na Ye butu na moi."

Lolenge eyekoli bison a lisese na mozwi mpe Lazalo mosengi, nkiya na mokili oyo ezali lipamboli na solo te. Lazalo apambolamaki, mpo ete asalelaki Nzambe mpe azwaki lobiko. Bomoi oyo nan se na moi ezali kaka mpona ngonga moke, kasi bokonzi na Lola ezali mpona libela. Ba oyo bakoki kondima liloba oyo na esengo bakoki kokende na etape kati na molimo.

Kak ba oyo bazali kozwa misala na Molimo na Nzambe bakoki kososola yango. Na lolenge oyo, bakoka kotelema mosika na kokweya kati na misala na nzoto mpe babika kti na solo. Lolenge elobama kati na eteni, 1 Bakolinti 2:14 ete, tokoki kopima makambo mango kaka na molimo.

Kopima elakisi kososola kati na makambo mibale. Solo

elobeli biso nini ezali malamu, kasi ba oyo bazali na misala na nzoto bakoki te kososola makambo yango mibale malamu. Bakanisaka ete likanisi na bango moko ezali malamu. Kasi bango bakoki kososola oyo ezali mpenza malamu kaka na tango ekomi bango na esika na molimo.

But he who is spiritual appraises all things, yet he himself is appraised by no one. (2:15) Kasi moto na molimo azali kososola makambo nioso, ata bato mosusu bazali kososola ye te. (2:15)

Many parts of the Bible tell us not to judge others. So what does this verse mean? 'He who is spiritual' is somebody who is living in the Word of truth. Because he is living in the Word of the truth of God completely, he understands the meaning in it, and can appraise anybody.

Here, what does this 'appraise' mean? A spiritual man would not hate or become envious of anybody, nor would he become arrogant to pass judgment on others. His appraisal would be appraisal of love.

Matthew 7:3-5 says, "Why do you look at the speck that is in your brother's eye, but do not notice the log that is in your own eye? Or how can you say to your brother, 'Let me take the speck out of your eye,' and behold, the log is in your own eye? You hypocrite, first take the log out of your own eye, and then you will see clearly to take the speck out of your brother's eye."

It tells us that if we take 'the log' out of our eyes, we can clearly see others. To take the log out of our eyes means to cast away all fleshly things from us. Those who live in the truth naturally love God and their brothers. They don't have any envy, jealousy, or arrogance. They look at the brothers only with love, and only those people can clearly see the speck of their brothers. 'He who is spiritual' in the passage refers to this kind of man of spirit.

Biteni mingi kati na Biblia elobi na biso ete tosambisa basusu te. Bongo eloko nini eteni oyo elakisi ? Ye oyo azali moto na molimo azali moto oyo abiki kolandisama na Liloba na solo. Mpo été ye abiki na mobimba kati na Liloba na solo na Nzambe, akososola ntina kati na yango, mpe akoki kokumisa moto nioso.

Awa, nini kondima yango elakisi ? moto na molimo akoyina te to mpe akoma na zua na moto soko nani, to mpe akokoma te na lolendo mpona kosambisa basusu. Kondima na ye na bato ekozala kondima na bolingo.

Matai 7 :3-5 elobi été, « Mpona nini okotala mpumbu oyo ezali na liso na ndeko na yo naino okanisi libaya ezali na liso na yo moko te ? Boni ookoloba na ndeko na yo été, 'Tika nalongola mpumbu ezali na liso na yo, naino libaya ezali na liso na yo mpenza ? Yo mokosi longola liboso libaya lizali na liso na yo mpe tala, okomona polele mpona kolongola mpumbu na liso na ndeko na yo."

Elobi na biso été soki tolongoli mpumbu na liso na biso, tokoki komona basusu malamu. Mpona kolongola mpumbu na liso na biso elakisi kolongola makambo na mosuni nioso na liso na biso. Ba oyo babikaka kati na solo bakolingaka mpenza Nzambe mpe bandeko na bango. Bazali na likunia moko te, zua, to lolendo. Bakotalaka epai na bandeko kaka na bolingo, mpe kaka bato wana nde bakoki komona malamu libaya na ba ndeko na bango. 'Ye oyo azali moto na molimo' kati na likomi etalisi moto na molimo na lolenge oyo.

Bongo nani akoki kosambisa moto na molimo?
Baton a mokili bakosambisaka na pete basusu. Bango bayebi te nini makambo na molimo elakisi, mpe bango bakokanisaka ete bazali malamu. Boye, bamonaka baton a molimo balema mpe bakosambisaka bango. Bafalisai, bakomi na mibeko, mpe bapagano bazalaka kosambisa mpe kokatelaka mabe Yesu.

Kasi solo, bango oyo bayebi te makambo na molimo bakoki te kosambisa bango oyo bazali na molimo.

Ezali lokola muana na kelasi na ebandeli akoki te kosambisa makoki na mathematique na motangi na college. Kaka na tango muana akei na college mpe aleki ba point na kotanga na motangi na college nde ye akoki kosambisa soko to mpe te motangi oyo na college azali malamu na mathematique. Boye, moto na molimo akoki kondima moto nioso, kasi bango oyo bazali na molimo te bakoki te kondima moto na molimo.

Pamba te nani ayebi makanisi na Nkolo mpona kolakisa Ye? Kasi biso tozali na makanisi na Kristu. (2:16)

Yo okoki kolakisa moto oyo aleki yon a molimo? Nazali kosenga soki to te okoki kolakisa moto oyo azali koyoka Molimo Mosantu malamu koleka yo. Soki osali yango, elakisi ete ozali komeka kolakisa Nzambe Ye Mei. Soki okomekaka kolakisa moto oyo azali koyoka malamu mongongo na Molimo

Mosantu, yango elingi kolakisa ete omitie yo mpenza likolo na Nzambe.

Na boye, tosengeli mpenza kobatela molongo kati na lingomba. Satana abandaka na kosala na tango molongo ebebisami. Yango tina Paulo alobaki ete, "Nani ayebi makanisi na Nkolo mpona kolakisa Ye?" Na koyoka oyo, bandimi bakoki kolemba, mpe yango tina alobaki ete, "Kasi biso tozali na makanisi na Chritu" na eteni 16. Tosengeli ten a kolemba, mpo ete tozali na makanisi na Christu.

Molimo Mosantu Azali kofanda kati na biso. Yango, soki ezali biso kofanda kati na solo, tokoki koyoka mongongo na Ye mpona kokokana na Nkolo mpe tokoma na molimo eleka, na kozanga kopima mpe kososola makambo na molimo. Boye, tokoki kondimama lokola bana na solo na Nzambe.

Baloma 8 :14 elobi été, "Baoyo nioso bakambami na Molimo na Nzambe bazali bana na Nzambe." Ezali kaka moto nioso te kasi bango oyo bakambami na Molimo Nzambe, bango bazali bana na Nzambe. Na boye, tika été tokota kati na dimension na molimo mpe tokoma bana na Nzambe bango oyo batambwisami na Molimo na Nzambe.

Chapitre 3

TOZALI TEMPELO NA NZAMBE

Lingomba na Bakolinti Bazalaki kati na Mosuni

Nzambe Amemaka Bokoli

Motongi Mokolo na Bwanya

Mosala na Moko na Moko

Kobebisa Tempelo na Nzambe

Mayele na Mokili ezali Bolema

Lingomba na Bakolinti Bazalaki kati na Mosuni

Ngai mpe nakoki koloba na bino pelamoko na baton a molimo te kasi pelamoko na baton a mosuni, pelamoko na bana mike kati na Kristu. (3:1)

Paulo alobi ete, "Nakokaki koloba na bino pelamoko na baton a molimo te..." Na esika oyo, tokoki komona ete bandimi na lingomba na Kolinti bakomaki naino baton a molimo te. Paulo akokaki koloba na bango te lokola babali mpe basin a molimo mpo ete bango bazalaki naino baton a mosuni. Bazalaki bato oyo basepelaki na mokili mpe na bongo bato n a nzoto. Paulo azalaki na oyo mpona koloba mpe kolimbola baton a lolenge oyo bango naino bakomi na etape na molimo te ete, "... lokola baton a mosuni, pelamoko na bana mike kati na Kristu." Bana mike bakoki te kokitisa bilei makasi. Soki esengelaki na bango kolia bilei makasi na tango bakokaki kokitisa yango te, bilei ikotia bomoi na bango na likama. Yango tina tosengeli koleisa bana na miliki.

Lolenge moko, ba oyo balobaka ete bandimela Nzambe, kasi basili kobika kati na mosuni, bakoki te kozwa soko mpe kososola Liloba na Nzambe. Bakoki te kobika na Liloba na Ye. Ata soki bakoki kondimama lokola bato bayekola kati na mokili oyo, bazali kaka bana kati na Christu bango oyo bayebi solo te.

Namelisaki bino mabele, napesaki bino bilei makasi te, mpo ete bokokaki na yango te. Sasaipi mpe bokoki naino te, (3:2)

Ntoma Paulo alobi ete apesaki na bango bilei na makasi te, kasi miliki mpona komela. Lolenge elimbolami kati na eteni 1, bandimi kati na lingomba na Kolinti bazalaki bana na molimo bango oyo bakokaki te kokitisa bilei makasi. Yango tina Paulo alobaki ete asengelaki kopesa na bango kaka miliki, mpo ete bakokaki te komema makambo na molimo.

Tokoki kososola ete bandimi kati na lingomba na Kolinti bazalaki naino baton a nzoto kobanda na chapitre 1 na 1 Bakolinti mpe lokola. Bazalaki na bokabwani kati na lingomba kolobaka ete, "'Ngai Nzali na Paulo', 'Ngai Nazali na Apolo', mpe 'Ngai na Kefa.'" Yango elakisi ete basanganaki lokola moko te kati na bosolo.

Soko bayebaka lolenge nini na kolia bilei na molimo, balingaki kosangana lokola moko kati na solo.

Soko bayebaka lolenge nini kolia bilei na molimo, balingaki kosangana kati na bolingo mpona kobondela, kolanda mokano na Nzambe, mpe kobikisa ebele na milimo. Kasi mpo été bazalaki naino bana na molimo bango oyo basengelaki komela miliki, bazalaki kotelema na kolobaka été bango bazali malamu. Elingi koloba été bazalaki na kokabola na makambo na molimo te.

Kondima na lolenge nini tosengeli kozala na yango mpona kokoma babali mpe basi na molende na molimo kati na kondima?

Soki tokanisi mpona kondima na molimo epimami na ba pourcent, babali mpe basin a molimo bazali bango oyo baleki na ba % 60 na etape na misato kati na kondima. Na pourcentage na 50 bakoki komemama na loboko na mwasi to mpe na oyo na mobali. Kasi na 60 bango bakoki komemana soko te mpe bango bazali na makoki na kolonga baposa na nzoto. Boye, tokoki koloba été bazali kotelema na 'libanga na kondima'. Longwa na esika oyo bango bakoki kobengama babali mpe basi na molimo mpe bango bakolukaka kaka makambo na molimo.

Nasengi, bokoki bongo komitala bino moko mpona koyeba soki bozali likolo na epimelo longwa na moko kino na mokama sasaipi? Soki bozali na esika na 10 to 20 na ba percentage kati na kondima, elakisi ete bozali naino bana kati na molimo. Lolenge elimbolama na liboso, ata soki bazali bakolo kati na mokili oyo, bakoki kozala bana kati na molimo soki bango bakoki te kolia mpe kososola bilei makasi, mpe makambo na molimo. Soki yango ezali bongo, nde basengeli koyoka Liloba mpe kosalela yango nokinoki mpona kokoma bandimi bakola.

Lisusu, na molimo, bandimeli sika bazali lokola bana na molimo. Kolandisama na etape na bango kati na kondima tosengeli kolandela mpe kokeba mpenza mingi mpona bango.

Toloba ete mondimi na sika azali kotambwisa bombongo. Na mokolo na Eyenga, mpo ete ye azali naino na etape kati na kondima na mwana na molimo, akoki koya kati na mayangani na tongo mpe na sima afungola bombongo na ye. Soki akangi bombongo na ye na Eyenga, Nzambe Akopambola ye. Kasi ye azali naino na kondima te mpona kondima solo yango.

Soki tolobi na moto na lolenge oyo été, kobatela Mokolo na Nkolo Bulee, asengeli mpenza kokanga bombongo na mokolo na Eyenga mpe alekisa mokolo mobimba kati na lingomba, akoyoka yango lokola kilo monene mpe akoboya kosala yango.

Na bongo, tosengeli kolakisa bango etape na etape lolenge kani bakoki kobatela bulee Mokolo na Nkolo. Tokoki kopesa likanisi na kolobaka ete, "Soki olingi te kokanga bombongo na Eyenga, okoki kofungola yango, kasi bondela epai na Nzambe mpona komatisa kondima nay o. Mpe lolenge ekokola kondima nay o bokoluka kokanga bombongo mpe boya kati na lingomba." Mpo ete esika oyo bazali naino na kolinga mbongo koleka Nzambe, tosengeli te kopesa bango libumu kokangama na molimo!

Soki kondima na ye ekoli mpe soki akoki kobanda kolia bilei na molimo oyo na petepete, akoki sik'awa kokanga bombongo na Eyenga, kasi na mikolo minene na conge akoki te kolonga mimekano mpe akofungola bombongo.

Akoki te kobatela bulee kati na esengo mokolo na Nkolo. Yango ezali etape wapi azali kolia bilei petepete na molimo. Kino esika oyo, tolobi ete bazali kati na mosuni'.

Kasi soko moto akomi moto na molimo, akokanga

bombongo na Eyenga mpe akobatela mokolo na Nkolo bulee ata soki emonani ete ye akoki kobungisa misolo. Mondimi oyo azali moto na molimo akolinga te kokaba Bokonzi na Lola na eloko moke na misolo, mpe akozanga te kotosa Liloba na Nzambe mpona mua bolamu na ye moko. Lisusu, moto na molimo akosepela kosala yango mpo ete ezali kobungisa na misolo ten a tango bakangi ndako na bombongo na Eyenga. Basepelisaka Nzambe na kobatelaka Liloba kati na kondima mpe bakosepelaka mpo ete bandimami lokola bana na Nzambe. Tokolobaka ete bato bana batelemi likolo na libanga na kondima.

Pamba te bozali baton a mosuni. Mpo naino zua mpe kowelana ezali kati na bino bozali baton a mosuni te? Bozali kotambola lokola bato te?

Ntoma Paulo azalaki kobetisa sete ete bandimi kati na lingomba na Kolinti bazalaki naino baton a mosuni na kotalisaka ete bazalaki naino na zua mpe na kowelana kati na bango.

Kozala na zua ezali kotelemela moto mosusu to mpe oyo amzali kosepela bolamu moko boye. Kowellana ezali bololo, to mpe na ban tango misusu kowelana na makasi to kokabwana. Ebandaka na moyimi, mpe ememaka koswana.

Lolenge esili kolimbolama, bandimi na lingomba na Kolinti bazalaki koloba ete bazalaki na Paulo, Kefa, mpe Apolo, to na Christu mpona komema zua mpe kowelana. Kaka na tango wan ate, ezali na mangomba oyo bazalaka na kowelana mpe na bokabwani kati na mikolo na lelo.

Ndakisa bandimi na lisanga na mission kati na lingomba basengeli kotosa mokambi na etuluku.

Toloba été mokambi aponami na kotalisaka makoki oyo mazali na molimo na koleka likolo na basusu. Soki bandimi kati na lisanga bakotosaka mokambi te, ezali na zua mpe na kowelana kati na yango.

Toloba été bozali na koyoka malamu te mpona mokambi na bino na kokanisaka été, 'Nayekoli mingi koleka oyo esengelaki, mpe ngai naleki ye na kondima !" Bongo Nzzambe Akokanisela yo nini ? Nzambe Akoki kaka koloba été ozali ya mosuni, kaka lolenge moko na bandimi na lingomba na Bakolinti. Na boye, soki tozali na makansi na lolenge oyo, tosengeli nokinoki kokabwana na yango mpe tokoma babali mpe basin a molimo.

Ekolobaka moko ete, 'Ngai moto na Paulo, mpe mosusu ete ngai morto na Apolo, bozali bato te ? Apolo nani ? Paulo nani ? Bazali basali. Bondimaki na nzela na bango lokola Nkolo Apesaki moto na moto nzela (3:4-5)

"Lobiko mpe ezali na moto mosusu te, mpo ete nkombo mosusu te esili kopesama awa nan se kati na bato ete tokoka kobika mpo na yango

Lolenge ekomami, tozwaka lobiko na nkombo na Yesu Christu. Ntoma Paulo, Apolo, to mpe moto soko nani akoki kozala na nguya monene, kasi yango elingi te koloba ete tokobikisama na nzela na bango.

Kasi na tango bandimi kati na lingomba na Kolinti bazalaki koloba ete bango bazalaki na 'pasteur oyo', Paulo alobaki ete

Apolo mpe ye bazalaki basali. Mosali ezali oyo azwi mosala epai na moto mosusu mpe bazali kokokisa yango. Ntoma Paulo mpe Apolosa bazalaki basali na Nzambe mpe basaleli na Nzambe bango oyo bazalaki kosala mosala na kobikisa milimo. Basali basalaka kolandisama na mokano na bango te kasi mokano na Nzambe. Na boye, Apolo mpe Paulo batosaki mokano naNzambe mpona kobikisa milimo na kolonaka kondima kati na etonga mpe na kokeba kokata bango suki. Lobiko eutaka kaka epai na Christu, nde bongo, Paulo amitungisamaki mingi mpona bandimi na Kolinti mpo été bango bazalaki koloba été bazalaki na 'Paulo' to na 'Apolo'.

Nzambe Amemaka Bokoli

Ngai Nakonaki, Apolo amwangisaki mai, kasi Nzambe Akolisaki. (3:6)

Apolo andimelaki Nkolo liboso na ntoma Paulo, kasi Nzambe Atalaki eluku na ntoma Paulo mpe Asalaki ye monene koleka Apolo mpona kotalisa nguya na Nzambe. Bazalaki bango nioso moko kati na Nzambe, kasi Paulo akonaki mpe Apolo abwakelaki mai.

"Paulo akonaki" elakisi ete akonaki nkona na kondima kati na mitema na bato. Atatolaki mpona Nzambe na bomoi na bilembo, mpe bato bazwaki kondima. Na nzela oyo nde nkona na kondima ekonamaki kati na bango.

Yesu mpe Akonaki kondima na nzela na bilembo mpe na bikamwiseli. Soki Atalisakka te bilembo mpe bikamwiseli moko te alingaki kondima Ye lokola Mwana na Nzambe, Mobikisi.

Ezali na ebele na bilembo mpe bikamwa mingi oyo Yesu Atalisaka oyo ekomama kati na Biblia. Kati na Malako 4 tomoni ete Asilisaki mopepe makasi mpe ba mbonge. Matai 4 :23-24

Tozali Tempelo na Nzambe 95

elobi été, "Bongo Atammboli na Galilai mobimba, Alakisi na biyanganelo na bango mpe Asakoli Sango Malamu na Bokonzi mpe Abikisi malali nioso mpe ndenge nioso na bolembu kati na bato. Lokumu na Ye epalangani na Sulia mobimba mpe bayeli Ye na nioso baoyo bazalaki na nzoto mabe, ba oyo bazalaki na motindo na malali mpe na mpasi, bato na milimo mabe mpe na liboma mpe mikakatani mpe Abikisi bango."

Apolo amwangisaki mai. Na tango nkona elonami, esengeli kozwa mai. Awa, na molimo mai elakisi Liloba na Nzambe. Ba Pasteur mpe bakambi basengeli kopesa Liloba na Nzambe epai na bandimi mpo ete kondima na bango ekoka kokola. Na lolenge oyo, bango nioso bazali kosala elongo mpona kokokisa Bokonzi na Nzambe.

Ya solo, na kolobaka ete ntoma Paulo akonaki kondima mpe Apolo asungaki mpona kondima ekola, elingi te koloba ete kokona mpe komwangisa mai ekesena. Ye oyo azali kobwakela mai akoki mpe kokona mpe ye oyo azali kokona akoki mpe kobwakela mai. Bango nioso Paulo mpe Apolo bakonaki mpe babwakelaki mai, kasi elingi kaka koloba ete Paulo ntoma akonaki mingi mpe Apolo abwakelaki mai.

Mokoni azali eloko te, momwangisi na mai eloko mpe te, nde bobele Nzambe Mokolisi. (3:7)

Sima na nkona kokonama mpe babwakela yango mai, ezali na ntina moko ten de kaka soki ekoli na nguya na Nzambe. Ezali na nguya na Nzambe nde nkona oyo elonamaki ebima mpe ekola.

Na molimo mpe, Nzambe na nzela na basali ba Ye Alonaka

kondima mpe Abwakelaka bato mai mpona kotosa Liloba na Ye mpe babika bomoi epambolama. Kasi ezala ye oyo akonaki soko mpe te mobwaki mai azali eloko.

Ezali kaka Nzambe nde Amemaka bokoli. Ntoma Paulo akonaki mpe Apolo abwakelaki mai, kasi nioso ezalaki nse pamba kino tango Nzambe Amemaki bokoli. Ezala ye oyo akonaki to mpe ye oyo abwakelaki mai, basengeli kopesa nkembo nioso epai na Nzambe.

(3:8) Mokoni mpe momwangisi na mai bazali moko, moto na moto akozua libonza pelamoko na mosala na ye. (3:8)

Ye oyo akoni na ye oyo abwakeli mai bazali moko mpo ete bango nioso basali na Nzambe. Soki nkona ekonami malamu te, kobwakela yango mai ezali na ntina te. Kak na tango basali bazali kosala elongo mpe bakoni mpe babwakeli mai malamu, nde nioso ekoki kosalema na nzela na ngolu.

Yango tina ezali koloba été, « Mokoni mpe momwangisi na mai bazali moko ; moto na moto akozua libonza pelamoko na mosala na ye. » Moto na moto azali na eluku na kokesana. Basusu batalisaka bilembo, basusu bakoteyaka, mpe basusu bakopesaka lisungi na molimo mpona bandimi, bakumisaka Nzambe, to mpe bakosalaka misala na kosunga. Moko na moko akozwa libonza na ye moko kolandisama na misala ma ye.

Ezali basali na Nzambe nioso te bakozwaka kaka mabonza minene. Mabonza mazali kopesama kolandisama na lolenge moko na moko akokisi mosala na ye. Yango etalaka kaka ebonga na moto yango moko te.

Batangi baakoki kokanisa été, « Ngai, nazali motangi, mpe

eloko kaka moko esalaka ngai ezali kotanga, mpe lolenge nini ngai nakoki kozala na libonza moko kati na Lola ? » Likanisi oyo ezali na tina moko te. Nzambe Apesa mpe na motangi mosala mpe lokola. Yango ezali mpona kobondela mpe kosanjola Nzambe mpe kotanga malamu lokola batangi mpona kopesa nkembo epai na Nzambe. Lisusu, soki bakobimisaka solo malasi na Christu esika nioso ezali bango mpe bazwi kokumisama na basusu na kotosaka baboti na bango, eloko na lolenge oyo makokoma libonza na bango.

Mpo ete bana mpe bazali na misala na bango, bazali mpe na lmafuti kati na Bokonzi na Likolo. Misala na bango ezali koyangana na mayangani na kolelakalelaka te, babondelaka kasi bamema mobulu te. Mpona yango, mabonza na bana mikokesana kolandisama na lolenge nini baboti na bango bakolisaki bango kati na kondima.

Ata ba Pasteur bakoki kokutana na kosambisama makasi soki bazali te kokokisa mosala na bango na kolandelaka milimo mipesamelaki na bango. Yango tina Yakobo 3:1 elobi ete, "Bandeko na ngai, bozala milakisi mingi te. Pamba te boyebi biso tokosambisama na ekateli eleki makasi."

Pamba te tozali basalani na Nzambe elongo; bino bozali elanga na Nzambe, bozali ndako na Nzambe. (3:9)

Bandeko basalani ezali ba oyo basalaka elongo mpona kokokisa mosala moko. Ntoma Paulo mpe Apolo bazalaki bandeko basali mpo ete bango basalaki elongo mpona lobiko na milimo kolonama mpe na kobwakelama mai, mpe na kokokisa bokonzi na Nzambe.

Paulo alobaki ete, "Bino bozali elanga na Nzambe." Elanga elobami awa elakisi motema na moto. Motema na ba oyo bazali na kondima ezali elanga na Nzambe, mpe yango tina tosengeli kolandela yango malamu mingi.

Kati na Matai 13, 'elanga' ekabolami na mabele malamu, mabele na ba nzube, elanga na mabanga mingi, mpe mabele pembeni na balabala. Bana na Nzambe basengeli kokomisa motema na bango elanga malamu.

Paulo alobaki mpe été, « Bino bozali ndako na Nzambe. » Bana na Nzambe bango oyo bayambi Molimo Mosantu bazali ndako na Nzambe mpo été Molimo Mosantu Afandi kati na bango.

Yango tina 1 Bakolinti 3 :16-17 elobi été, "Boyebi te été bino bozali esambelo na Nzambe mpe Molimo Mosantu Afandi kati na bino ? Soko moto nani akobebisa esambelo na Nzambe, Nzambe Akobebisa ye. Mpo été esambelo na Nzambe ezali mosantu ; bino bozali yango."

Biso tozali elanga na Nzambe mpe esika na kofanda na Nzambe, na lolenge oyo tosengeli kozala bato na molimo, kasi bato na mosuni te bango oyo bazali na zua mpe bakosalaka kati na bosolo te.

Motongi na Mayele

Mpona ngolu na Nzambe epesameli ngai, natiaki moboko, lokola motongi na mayele mpe mosusu azali kotonga likolo na yango. Tika ete moto na moto atala malamu soki azali kotonga boni. (3:10)

Eteni oyo emonani lokola pete mpona kososola na lolenge etangaki moto yango. Kasi ezali ba biloko misato na motuya na molimo. Eteni na lolenge oyo ezali lokola Liloba na kamba na mazita misato.

Limbola kaka na lolenge etangami mpona eteni 10 ezali lizita na liboso. Yango ezali kaka kotalisama mpona ntoma Paulo. Ezali na mazita mibale misusu eye ezali koloba mpona biso. Kosangisa eteni eye ezali kotala Paulo mpe biteni mitali biso, ekokoma kamba na mazita misato.

'Ngai' awa elakisi ntoma Paulo. Nkombo na ye liboso na kokutana na Nkolo ezalaki Saulo. Azalaki Moyuda na solosolo mpe anyokolaki mingi mpenza bango oyo bandimelaki Yesu.

Kobanda mokolo oyo Saulo akutanaki na Nkolo na nzela na Damaseke, ayaka na kolinga ye mingi mpenza. Baloma 8:35-39 elobi ete, "Nani akotangola bison a bolingo na Kristu? Bolozi soko nkaka soko minyoko soko nzala soko bolumbu soko likama soko mopanga? Malobi malobi ete, 'Mpo na Yo bazali koboma biso mokolo mobimba, bazali kotanga biso lokola bampate na kobomama.' Kasi na makambo oyo nioso tokoleka kolonga na mpo na ye oyo aAlingaki biso. Nandimi solo ete ata kufa ata bomoi, ata banje, ata mikonzi, ata makambo nan tango oyo, ata makambo makoya nsima, ata ndenge na nguya na mokili, ata molai, ata bozindo, ata eloko mosusu nini ekoki kotangola biso ten a bolingo na Nzambe bozali kati na Kristo Yesu, Nkolo na biso."

Ntoma Paulo ayebaki ete boyebi na Yesu Christu elekaki na motuya. Na bongo ye atalaki makambo misusu mpamba mpe bosoto. Akomaki moteyi na komikaba mingi na Sango Malamu na tango ekendaki ye esika nioso Nzambe Alingelaki ye kokende.

Abondelaka kolandisama na mokano na Nzambe. Mpe kati na Misala 19 :12 tomoni été na tango matambala to mpe misuale iye esimbaki kaka nzoto na ye ememamaki epai na babeli, ba bokono milongwaki bango mpe milimo mabe mibimisamaki na bango.

Ntoma Paulo atindamaki lokola mosali na lingomba na Antika mpe abandisaki biyanganeli mingi na bisika mingi. Ateyaka sango malamu na Kolinti, Galatia, mpe na bisika mingi mpe afungolaka biyanganelo ebele na sika.

Tozali Tempelo na Nzambe

Atikai ezala mosali na Nzambe to mpe mosali kati na lingomba na bokambi na lingomba moko na moko mpona kotambwisa lingomba, mpe alongwaki esika yango mpona kokoba na kopanza Sango Malamu. Na tango oyo, alobaki na bango oyo bazalaki na kotambwisa mangomba, "Kolandisama na ngolu na Nzambe epesamelaki ngai, lokola motongi na mayele, natiaki moboko, mpe mosusu azali kotonga likolo na yango. Tika ete moto na moto atala malamu soki azali kotonga boni."

Paulo azalaki lokola motongi na mayele. Asakolaki mpe atatolaki mpona Yesu Christu kolandisama na ngolu na Nzambe mpe atiaki moboko. Ezali awa nde azali kosenga na mpenza na ba Pasteur kati na mangomba batatola Sango Malamu na Yesu Christu kaka lolenge esalaki ye.

Oyo ezali lizita na liboso na nkamba eye elobeli biso mpona likambo na ntoma Paulo na tango wana mpona oyo etali lingomba. Lizita na mibale mpe na misato na kamba eye elobeli biso mokano na Nzambe lelo eleki kutu na ntina mpe na motuya mpona lelo.

Nini ezali limbola na mibale epesami na Nzambe kati na eteni oyo?

Ezali ete, biso bana na Nzambe tosengeli kotonga likolo na mpe tokoba na kotonga eyanganelo na motema na kobanga mpe na molende, Na tango tofungoli motema na biso mpe toyambi Yesu Christu, Molimo Mosantu Akoya kati na motema na biso. Tokomi sasaipi Tempelo na Nzambe mpo ete Molimo

Mosantu Azali kati na motema na biso (1 Bakolinti 3:16).

Nde, lolenge nini tosengeli kotonga tempelo na nzambe? Na ebandeli, oyo ezali tango liboso na biso koyamba Molimo Mosantu, tozalaki ndako monene oyo zabolo azalaki kotonga likolo na yango. Tozalaki te tempelo na Nzambe. Basusu bakoki komituna mpo nini Nalobi boye, kasi tika été tokanisa mpona tango moko mpona bato na llolenge nini ezalaki biso liboso na koyamba Molimo Mosantu.

Makanisi na biso ezalaki koningisama na Satana mpe tozalaki kosala misala na zabolo. Tozalaki kosepela komona mpe na koyoka ebele na makambo mingi na bosoto, tozalaki kokende na bisika na mbindo, mpe tozalaki kolinga kosala misala na mbindo. Tozalaki kosepela kosala oyo esengelaki te kolandisama na solo, nde bongo, tozalaka ndako eye zabolo azalaki kotonga likolo na yango.

Bongo, lokola Nzambe Alobela biso été tozala bulee, na lisungi na Molimo Mosantu, tobandi kobunda na masumu. Motema na biso embongwani na solo. Toyei kokanisa kati na solo, mpe mokano na biso mpe mabongisi eyei ongwa na solo. Lolenge oyo, tobuki ndako na zabolo mpe totongi Tempelo na Nzambe.

Ndakisa, tomeseneke koyina, mpe kotonga, mpe tozalaki na likunia na basusu. Na kala tozalaki kokende na bisika ezangi bonzambe, kasi sasaipi tozali kokende na lingomba. Ba ndako na biso ezali bisika na koyangana na bandeko na biso kati na kondima.

Toyei komona makambo malamu mpe makambo na bosolo. Tolingi te koyoka matongi to mpe maloba na kokosela makambo malobamaka mpona likunia, kasi kaka Liloba na solo. Tolingi kaka kozala na masolo liboso na Nzambe kati na solo.

Lolenge ezali biso kombongwana lolenge oyo, nzoto na biso yango moko ekomi ndako kitoko na solo, mingi mingi tempelo na Nzambe. Soki bosolo mpe bosolo te bazali katikati na katikati, nde kati na biso katikati ekonzami na zabolo. Elakisi été tosengeli kotonga tempelo na 'katikati'. Tozali kotonga tempelo na nzambe kati na biso na lolenge ezali biso kobunda kolongolaka masumu kino na esika na kotangisa makila mpe tomilatisa na solo.

Na tango tokabwani na makambo nioso maye mazali kotelemela solo mpe tobiki kati na Liloba na Nzambe, tokoki kobiangama 'bato na molimo'. Elakisi ete tosengeli kotonga tempelo na Nzambe na mobimba kati na mitema na biso. Baton a lolenge wana bazali kotambola mpe kosolola elongo na Ye. Bakoki kozwa nioso ezali bango kosenga, mpe batambwisami na nzela na bofuluki. Mpo ete bakomi tempelo bulee na Nzambe, mimekano mpe minyoko nioso milongwe, mpe bakobika na kobatelama na Nzambe.

Lizita na misato na kamba etali lingomba na mobimba na yango. Pasteur alakisaka Liloba na Nzambe na lingomba moko na moko. Etonga ekozwa nini baleisami na yango mpe bakokola na molimo. Basusu bakokoma makonzi kati na eyanganelo na Nzambe, mpe basusu bakosala mosala na ba brik, mpe basusu bazali lokola langilangi, moko na moko akomipesa lokola eteni na ndako.

Soki nioso ekosala bango ezali kaka koya kati na mayangani, nde bongo bazali lokola zelo, mpe ciment. Na boye, na miso na Nzambe moto nioso azali na motuya mpo ete moko na moko azali kokoma eteni kati na eyanganelo na Nzambe, ata soki bango bazali na pete moko te kati na lingomba.

Ezali pete emonanii likolo "koleka" to mpe na "nse koleka," to mpe soki bazali na ebonga mpe te, tempelo na Nzambe ekoki kotongama na tango moko na moko azali kokokisa eteni na ye. Bango oyo bazali lokola makonzi na kosunga basengeli kokokisa mosala na bango lokola makonzi na ndako mpo ete ndako mobimba ekokweya soki makonzi mazali te.

Lisusu mpona etali makonzi, izali na ba brik mpe na ciment, mpe ba langilangi na bifelo. Niosoo mizali na motuya. Soki langilangi elongolami ata moke, ekomonana kitoko te. Tempelo na Nzambe ekoki kotongama malamu mingi na tango moko na moko akosalaka mosala na ye lolenge esengeli. Oyo ezali mazita misato na kamba kati na eteni.

Eteni 10 elobi ete, "Mpona ngolu na Nzambe epesameli ngai, natiaki moboko, lokola motongi na mayele."

Awa, moboko elakisi Yesu Christu. Mpona kozala mayele na molimo, moto akozwaka bwanya na Nzambe, na mokili oyo te to mpe na nzela na kolakisama moko te.

Nini ezali bwanya oyo epesamaka na Nzambe? Ezali kosepelaka tango nioso, kobondelaka na kotika te, mpe kopesa matondi kati na makambo nioso. Ezali mpe mayele mpe mokano na Nzambe kobika kati na Liloba na Nzambe, kolongola mabe na llolenge nioso, mpe kokoma bulee.

Lokola motongi na mayele, tosengeli kotonga likolo na moboko na bison a Liloba na Solo na Yesu Christu. Mingi mingi, tosengeli kobatella Liloba na Nzambe mpona kokoma moto na molimo.

Mpona kotonga ndako tozali na bosenga na biloko mpona kotonga mpe na makambo nioso masengeli lokola ciment, ba brik, mpe mabaya. Kasi, mpona nini tosengeli kotonga tempelo na Nzambe?

Tosengeli kozala na biso moko. Yango ezali, tosengeli kozala na mitema na biso, makanisi, mpe milema. Nde, tosengeli kotondisa moko na moko na bango na Liloba na solo. Lisusu, tokoki kotonga temmpelo na biso kaka na tango Molimo Mosantu Azali kosala mosala na Ye kosalaka lokola esengela mpona kotonga.

Nini ezali biloko misengeli mpona kotonga tempelo na biso? Na tanngo ezali biso koyemba masanjoli, totondisami na kondima, ngolu, mpe bolingo mpona Nzambe. Na nzela na mabondeli, tokoki kozwa lisungi na Molimo Mosantu mpona kolonga mokili mpe kolongola nini ezali kotelemela solo. Kobatelaka Liloba na Nzambe, kosanjolaka Nzambe, mpe mabondeli makokoma biloko na kotonga tempelo na Nzambe.

Boye eteni 10 ekobi ete, "mpe mosusu azali kotonga likolo na yango. Tika ete mooto na moto atala soki azali kotonga boni."

Toloba ete Pasteur na lingomba, lokola Paulo motongi na

mayele, azali kolakisa Liloba na Nzambe likolo na moboko na Yesu Christu. Baninga ba ye ba Pasteur mpe ba oyo basalaka na ye bakokoma mpe mayele na kokkambakka etonga kkati na solo. Na nzela oyo, bakozala na tempeloo, eyanganelo na Nzambe na lolenge na kamba na mazita misato.

Kas sasaipi tika totala mpona likambo mosusu. Toloba ete mosali na Nzambe azali kolakisa malamu na Liloba na Nzambe, kasi basali misusu kati na lingomba bazali kosalela makanisi na bango moko na tango bakoliesaka etonga. Boye ezali lokola kotonga ndako na zelo. Ata soki moboko ezali makasi mingi, soki totongi etage na liboso na zelo mpe tobakisi etage na mibale likolo na yango, ekokweya.

Moto oyo azali mpe kotonga likolo na moboko azali na motuya. Na boye, basali kati na lingomba lolenge moko na Pasteur basengeli koyamba Liloba na lolenge esengela mpe batonga ndako, to mpe ekozala kaka lokola batongi likolo na zelo.

Tosengeli te kotonga tempelo, eyanganelo na Nzambe, na makanisi na bato. Tosengeli koyoka malamu mongongo na Molimo Mosantu mpona kokoka kotonga tempelo mobimba.

Mpo ete moto akoki kotia moboko mosusu te bobele yango esili kotongama, yango Yesu Christu. (3:11)

Sima na kotia moboko likolo na Yesu Christu Ye oyo Azali libanga, tosengeli te kobakisa foundation mosusu likolo na yango. Yango tina eteni 10 elobeli biso ete tosala keba. Mingi, tosengeli te kobakisa boyebi na bato te to mpe eloko mosusu oyo euti na makambo na bomoto. Tokoki kotonga tempelo mobimba na Nzambe kaka soki totongi likolo na Yesu Christu, libanga na solo.

Mosala na moko na Moko

Soki moto nani akotonga likolo na moboko yango, soko litongi na wolo, soki na palata, soko na mabanga na motuya, soko na matiti, soko na nkekele, (3:12)

Moboko lolenge elimbolamaki na liboso, elakisi Nkolo. Bato batongaka ndako likolo na moboko na Yesu Christu. Basusu bakotongaka na wolo, basusu na palata, mpe basusu bakotonga na mabanga na talo, nzete, nkekele, matiti.

Wolo ekokaka kosangana na eloko mosusu te kati na moto. Nde bongo, ebatelaka kongenga na yango, mpe ekobongwanaka te. Ekoki kosalalema mpona ebele na makambo, mpo ete ekoki kosalema na ba lolenge ndenge na ndenge.

Ya solo basusu bakoki kokanisa ete mabanga na talo mazali na motuya koleka wolo. Kasi mabanga na talo makoki te kosalelama mpona makambo mingi lokola wolo. Diamant, safili, emelodi, mpe mabanga misusu na talo mikoki na kozala nan a balangi kitoko mpe na kongnga malamu, kasi mizali na

Tozali Tempelo na Nzambe 109

ntina ten a tango mibukani. Palaya ezali na motuya moke na koleka mpe kitoko moke pembeni na wolo. Nzambe Amonaka wolo motuya koleka, elandi ezali palata, mpe mabanga na talo, kolandisama na kosalela na yango.

Emoniseli 4:2-3 elobi ete, 'Nokinoki nazalaki kati na molimo; Namoni kiti na bokonzi kati na likolo, na Mofandi na kiti na bokonzi yango. Mofandi Azalaki na motindo na komonana lokola na libanga na yasipi na salali, mpe monama mozingaki kiti na bokonzi ezalaki na motindo na komonana lokola na libanga na samala." Epimi elilingi na Nzambe na yasipi mpe sadala. Yango ezali kaka komeka kopima mpona kotalisa kitoko na Nzambe. Kasi na makomi na likolo eloko eleki motuya ezali wolo, sima palata, mpe sima mabanga na motuya.

Kolanda mabende mpe mabanga na motuya mabaya mamonani, kekele, mpe na suka matiti. Paulo akokisi kondima na bison a wolo, palata, mabanga na motuya, mpe nzete, kekele mpe na suka matiti.

Mosala na moto na moto ekomonana polele, pamba te mokolo yango ekomonisa yango mpo ete mokomonana na moto mpe moto ekososolisa motindo na mosala mosalaki moto na moto. (3:14)

Nini elakisi na koloba ete 'mosala na moto na moto'?

Awa, 'mosala na moto na moto' ezali oyo moko na moko na biso akosalaka na motema na biso mobimba, makanisi, mpe makasi kopesa epai na Nzambe. Kondima na biso ekoki kokabolama na bitebi motoba kolandisama na motema na lolenge nini, makanisi, mpe molema oyo topesaki epai na Nzambe mpe boniboni tobikaki kati na Liloba na Nzambe. Basusu bazali na kondima na wolo. Basusu bazali na kondima na palata, yango ezali mua moke nan se na kondima na wolo. Kasi basusu mpe bazali na kondima na mabanga na motuya, nzete, kekele, to matiti.

Monene mpe mozindo na kondima ekeseni kobanda na kondima na wolo kino na kondima na matiti. Na nzela na lolenge na kondima ezali lolola na kekele, tozali na kondima mpona kozwa lobiko. Kasi soki tozali na kondima na matiti, tokoki te kozwa lobiko.

'Mokolo' Elingi Koloba Nini?

Mosala na biso ekomonana na 'mokolo yango' kolandisama na nini esalaki biso. Bongo na 'mokolo yango' elobeli mokolo nini?

Yambo ezali mokolo na kotala lolenge nini tokokisaki na malamu misala na biso.

Ezali suka na mbula moko na moko. Na tango tozali na mosala na kosala kati na lingomba, basusu babotaka ebele na ba mbuma na suka mbula na tango basusu babotaka mingi te.

Na suka mbula, tokoki komona malamu lolenge nini moko na moko akilaki mpe abondelaki, bapesaki tango na bango mpe lisungi na misolo, mpe bolingo epesaki bango epai na basusu mpona Bokonzi mpe boyengebene na Nzambe. Lolenge mosala na biso emonani, tokozwa mabonza kati na Bokonzi na Lola.

Toloba été mosali na Nzambe abondelaki makasi mpe lisungi na molimo na bandimi na lingomba. Kasi na suka mbula, ezali mpenza te na mosala moko eye emonani polele. Amekaki makasi, kasi solo, atikali lolenge ezalaki ye mbula eleka. Na bongo azali te kozwa kokumisama soko mpe te mabonza epai na Nzambe.

Mondimi na pamba akoki kokanisa ete, :Mpo ete ba Pasteur basalaka mosala na Nzambe na mokolo mobimba, bazali kotondisa mabonza na bango, kasi biso bandimi na pamba tokozala solo kaka na mabonza moke mpenza na Lola." Kasi yango ezali solo te. Na tango ba Pasteur bakoki te kotalisa misala miye moindimami na Nzambe. Bango bakozwa libonza moko te. Ezali mosala na bango mpona kobikisa milimo mpe na kolandelaka bango, nde bongo, basengeli kotalisa bilembo malamu mingi na misala na bango.

Kasi, bazala batangi kati na kotanga na bango to bato na bombongo kati na bombongo na bango, mondimi nioso oyo bazali na kondima bakoki kosala nioso mpona nkmbo na Nzambe. Bakosalaka makasi mpona bombongo na bango mpe na bisika na bango na mosala, mpe bakosalela misolo na bango mpona kosala mpe na kosunga misala na ba missionaire mpe misala na kosunga mpona bokonzi na Nzambe.

Na bongo, Nzambe mpe Akopimaka misala na mondimi pamb ia oyo bazali na mosala na bato nioso kati na mokili. Soki bakokisi mosala na bango na bosembo lokola ezali bango bandimi mpe bapesi lokumu epai na Nzambe kati na ba bomoi na bango, elingi kolakisa été misala na bango mikotalisama polele na miso na Nzambe, nde bongo bakoki kozwa libonza.

Nzambe Alukakalukaka moto nioso mpe Apimaka mpenza kati na bosembo na Ye. Akumisaka misala na bango oyo batalisaka mosala na wolo, palata, to mpe mabaya.

Mibale, 'mokolo' elakisi tango na momekano makasi

Na tango tokutani na mimekano mpeminyokoli, tokotalisaka kondima na biso liboso na Nzambe. Basusu bakotalisaka kondima na wolo, basusu kondima na palata, mpe ata basusu kondima na mabanga na motuya to mpe ata nzete, to nkekele, to mpe matiti.

Boni soki moto oyo azali na kondima na wolo akutani na komekama makasi? Akotikala na koningisama te to mpe na kokweisama ata soki akutani na likambo monene. Ata soki wolo ebukani na biteni biteni, tokoki lisusu kolamba yango mpona kozongisa yango na lolenge na yango na ebandeli. Ba oyo bazali na kondima na lolenge oyo bakotelema lisusu kati na minyokoli, ata soki bakoki komonana ete bakwei mpona tango moke. Bango bakoyimakaimaka mpona Nzambe ten a likambo soko nini kasi kutu bakosepelaka mpe kopesa matondi epai na Ye.

Banani kati na baton a Biblia bazalaki na kondima na lolenge oyo na wolo?

Petelo, moyekoli na Yesu, abatelaki boyengebene na ye kati na Nzambe. Ata soki abakamaki na ekulusu moto na nse mpe makolo na likolo, azalaki koteya Sango Malamu na Yesu Christu. Ya solo, na tango moko awanganaka Nkolo mbala misato, kasi ezalaka liboso na ye koyamba Molimo Mosantu. Kasi kobanda tango eyambaki Ye MolimoMosantu, azalaki sembo kino na esika na kufa.

Tika biso totala moseka Malia ye oyo Abotaka Yesu na Molimo Mosantu. Luka 1:31-33 elobi ete, "Mpe tala akozua zemi, okobota mwana mobali, mpe okobianga nkombo na Ye Yesu. Ye Akozala monene mpe Akobiangama Mwana na Oyo-Aleki- Likolo. Nkolo Nzambe Akopesa Ye kiti na bokonzi na Dawidi tata na Ye. Akozala mokonzi na ndako na Yakobo libela, mpe bokonzi na Ye ekozala na nsuka te."

Oyo ezali nini mwanje mokolo Gabriel alobelaki Moseka Malia mpona mbotama na Yesu. Na yango, ye azongisaki ete, "(et.38).

Ntoma Paulo mpe azalaki na motema mokombongwanaka te, Kobanda tango ekutanaki na ye Nkolo, ateyaki Sango Malamu epai na bapaya kino kufa na ye.

Misala 16:25 elobi ete, ""Na katikati nab utu Paulo na Sila bazalaki kobondela mpe koyembela Nzambe nzembo, mpe baton a boloko bazalaki koyoka bango." Atiamaki kati na boloko mpo ete azalaki koteya Sango Malamu, kasi atikalaki na koyimayima te mpona Nzambe. Asanjolaki kaka mpe abondelaki Ye.

Asepelaki mpe apesaki matondi ata na konyokwama makasi. Mpo ete azalaki na kondima na wolo, akokaki kosalela Nkolo na kozanga ata na kobomba bomoi na ye.

Bngo oyo bazali na kondima na palata bazali na kondima oyo ezali kaka moke nan se na bango oyo bazali na kondima na wolo, kasi bazali mpe na kondima monene.

Nde, bongo lolenge nini mpona bango bazali na kondima na mabanga na motuya? Na tango bato batondisami na ngolu na Nzambe to na tango babikisami na bokono na nguya na Nzambe, bakoki kozwa ekateli mpe batatola ete bango bakomikaba mbeka epai na Nzambe mpe bakoteya nokinoki Sango Malamu. Bato bakoki mpe koloba ete balingi kobika kaka mpona Nzambe na tango mabondeli na bngo mayanolami.

Na tango bato oyo na kondima lokola mabanga na motuya basali lolenge elakaki bango, bakomonana lokola bazali na kondima na wolo. Kasi solo bazali na yango te. Na tango mimekano mikokomela bango mitema mpe makanisi na bango mikombongwana. Bamonani lokola bazali na kondima na tango batondisami na Molimo Mosantu, kasi na tango kotondisama elongwe, kondima na bango ekokweya mpe mitema na bango mikombongwanaka. Yango ezali kondima lolenge na mabanga na motuya eye ekoki komonana kitoko na tango moko, kasi ekoki kobukama. Boye, biniboni mpona kondima na mabaya, nkekele, to matiti? Kondima na lolenge eye ezali na litomba te mpo ete nioso misato oyo mikotumbama na tango na mimekano makasi mpe na kopetolama.

Misato, na kozonga na Nkolo bandimi bakokamatama na mopepe mpe sima na yango ezali na kosambisama na mokolo na suka esika wapi bandimi nioso bakozwa lifuti na bango na sembo epai na Nzambe. Ezali na mokolo oyo na suka na kosambisa na Nzambe nde tozwi limbola na misato na 'mokolo.'

Na Mokolo oyo na Kosambisama, Nzambe Akosambisa mpenza mpenza boni sembo mpe kosantisama biso tozalaki na tango ezalaki biso kobika na mokili oyo, mpe Apesa biso libonza kolandisama na kosambisama.

Soki mosala motongi moto ekoumela, ye akozua libonza. (3:14)

Kondima na wolo, palata, mpe mabanga na motuya ekozala na eloko eye ekotikala sima na komekama mpe na kopetolama na moto. Kosalelama na yango mpe makasina yango ekesena, kasi wolo, palata, mpe mabanga na motuya mokosikisama na moto te. Oyo eleki na kombongwana te mpe na koumela kati na yango misato ezali wolo, mpe elandi ezali palata, mpe elandi ezali mabanga na motuya.

Kasi na kokesana na wolo, palata, mpe mabanga na motuya, mabaya, nkekele, mpe matiti mikozikisama na moto kati na mimekano makasi mingi. Bango oyo bakozala na misala na bango kotikala lokola wolo, palata, mpe mabanga na motuya bakozwa libonza na bango. Kondima oyo ezali na nse ekozala na libonza moko te ebombama na Lola.

Soki tokotalisa kondima na wolo, palata, to mabanga na motuya kat na komekama mpe minyoko, elakisi été tolekaki momekano, mpe Nzambe Akopambola kaka biso te kasi mpe kopesa na biso mabonza na Esambiseli na Sika. Tokozwa mabonza kolandisama na nini etikali na mosala na biso sima na mimekano.

Soki mosala na moto na moto ekozika; ye akozanga, kasi akobika ye moko, lokola na nzela na moto. (3:15)

Kondima lokola libaya, nkekele, matiti ekoki kozala na eloko te etikali sima na kotumbama na moto. Ndakisa, okokaki kosala makasi lokola mokambi na cellule, kasi ozali na mbuma te mpe ozalaki na bolamuki moko te kati na etonga. Elingi koloba ete lolenge na kondima nay o ezalaki moto na kokoka te; yango ezali, mto te mpio mpe te.

Kati na Emoniseli 3:15-16 Nkolo Apamelaki lingomba na Laodikia mpo ete bazalaki na kondima mpio soko moto te. Nkolo na biso alingi kondima na biso kokola moto na koleka mokolo sima na mokolo mpona kobota mbuma ebele.

Nini Biblia elobeli biso mpona bango oyo bazali na kondima na katikati mpe bakokisaka mosala na bango te? Na Matai 25:15-30 lisese na ba talanta ekomami. Na tango ye oyo azwi ba talanta mitano apesaki lisusu ba talanta mirano, Nkolo Akumisaki ye na kolobaka ete, "Malamu, Moumbo malamu mpe na sembo, ozalaki sembo na makambo na mike, Nakotia yo likolo na mingi. Ingela na esengo na nkolo na yo." (et.21).

Kasi ye oyo azwaki talanta moko atiaki yango kaka na pembeni mpe asalaki mosala moko ten a yango. Nkolo alobaki na ye ete, "ЄЄ, moumbo mabe, mpe na goigoi" mpe azwaki talanta wana moko epai na ye mpe apesaki yango na ye oyo azalaki na talanta zomi. Bongo abenganaki ye. Lolenge elobami, "Soki mosala na moko na moko etumbami na moto, akobungisa," moto oyo abungisaki.

Soki tokosalaka makasi moko te mpona kotondisa mosala na biso mpona Nzambe, ekozala kobungisa mpona Bokonzi na Nzambe. Soki motambwisi na cellule azali kokokisa mosala na ye te, bandimi kati na cellule bakobungisa; milimo na bango mikofuluka te; mpe bakokoka te kokima mimekano. Soki likambo oyo esalemi, Nzambe Akoka kaka kopamela bango. Kasi bakoki kobikisama kasi kaka na nzela na kopetolama na moto. Elakisi ete bango bakoki kobikisama mpo ete bango ba bungisaki kondima na bango te mpe basalelaki Nzambe, kasi kaka bongo bongo. Bango bakoki kaka kozwa lobiko na soni na kozwa libonza moko te.

Kobebisa Tempelo na Nzambe

Boyebi te ete bozali esambelo na Nzambe mpe ete Molimo Mosantu Afandi kati na bino? (3:16)

'Bozali' awa etali kaka bandimi kati na lingomba na Kolinti te kasi mpe na bana nioso na Nzambe. Bongo bozali tempelo na Nzambe? Bino boyamba Molimo Mosantu?

Tempelo na Nzambe ezali nzoto na Nkolo. Molimo Mosantu Afandaka kati na mitema na ba oyo bandimeli Yesu Christu lokola Mobikisi na bango. Molimo Mosantu Amemaka mitema na biso mpona kobika kati na solo mpe Atambwisaka bison a Bokonzi na Likolo. Tobiangami Tempelo na Nzambe mpo ete Molimo Mosantu Azali kofanda kati na biso.

Bongo mpona nini Paulo Apamelaki bango na kolobaka ete, "Boyebi te ete bozali esambelo na Nzambe mpe Molimo na Nzambe Afandi kati na bino?"

Ntoma Paulo alakisaki bandimi na lingomba na Kolinti ete ete bakoma baton a mosuni te kasi bakoma baton a molimo.

Baton a Molimo bazali bango oyo basili kososola Liloba na Solo, babateli yango kati na ba bongo na bango, mpe basaleli yango. Bazali bango oyo bakobondelaka, kosanjola, mpe bakosalelaka solo kolandisama na Liloba na Nzambe.

Tokoki kozala na kndima lokola wolo soki tolongoli lolenge nioso na mabe mpe tosali malamu, na kolobaka lokuta ten a kolandaka Liloba na Nzambe. Tosengeli kozala na kondima mua lokola oyo na palata to mabanga na motuya. Kasi bandimi kati na lingomba na Kolinti bazalaki na kondima na lolenge oyo te, yango tina Paulo apamelaki bango.

Soko moto nani akobebisa esambelo na Nzambe, Nzambe Akobebisa ye; mpo ete esambelo na Nzambe ezali mosantu bino bozali yango. (3:17)

Paulo alobi ete, "Soko moto nani akobebisa esambelo na Nzambe, Nzambe Akobebisa ye." Eteni oyo elobami mpona bandimi nioso. Bapagano bazali na eloko moko ten a kosala na Nzambe mpo ete bango bazali bana na zabolo. Tosengeli te kolobela bango mpo ete bazali na eloko moko ten a lobiko.

Lelo, ebele na bato bazali kolakisa yango na lolenge esengeli te lolenge elobi Liloba na Nzambe. Basusu bakolobaka été, « tokozwa lobiko na tango ezwi biso Molimo Mosantu. Na tango tobikisami tobikisami na tango nioso. Boye, ata soki tokosumukaka, tokozwaka kaka lobiko. Ezali été mpo Nzambe Akotambwisaka biso kaka na lolenge moko boye, ata na kopesaka biso etumbu, boye biso tokozwa lobiko. » Kasi oyo ezali malamu te. Ata soki toyambaki Molimo Mosantu, soki tokosalaka lisumu na nko, Molimo Mosantu Akozimama, na bongo molimo ekoka te kobikisama (Baebele 10:26; 1 Batesaloniki 5:19).

Nini yango elakisi na kobebisa tempelo na Nzambe? Tempelo ezali esika Nzambe Afandi na ngwende, nde bongo, elakisi kobebisa moteme na biso esika wapi Molimo Mosantu Azali kofanda.

Bongo, esika wapi motema na biso ezali? Tozali na nzoto na molimo kati na biso oyo emonani kaka lolenge na biso, mpe "motema" na biso ezali nioso na nzoto oyo na molimo. Kati na motema tozali na bomoto. Bomoto ezali lolenge na kosambisaka oyo moto amisaleli na koleka na tango moko. Ezali moboko esika wapi tokokataka malamu to mabe.

Muuana bebe abotami sika azali na bomoto oyo te. Nani akoloba na bebe oyo azalaki kolela butu mobimba ete, "Bongo likambo nini nay o, bongo yo azali ata na bomoto te"? Bana bakolonaka oyo emonaki bango, eyokaki bango, eyekolaki bango, mpe basosoli kati na mitema na bango lokola ezali bango kokola. Makambo mana makokoba na kokoma bomoto na bango mpe epimelo na bango mpona kosambisa.

Soki bayekoli ete ezali bomobali kozongisa na tango babetami na moto mosusu, nde, ekokoma epimelo na bango mpona kosambisa ntina na kozongisa kati na likambo yango. Kasi biteni mingi kati na bomoto na yango mizali bongo te kolandisama na Liloba na Nzambe.

Na bongo, eloko nioso eye etiaki biso kati na motema

na biso eye ezali kotelemela solo esengeli na kolongolama. Tosengeli bongo kolona Liloba na Nzambe kati na biso esika na bosolo te. Tosengeli kokabwana na bozangi solo lokola, lokuta, koyina, kosambisaka basusu mpe kokatelaka bango mabe mpe sima tolanda solo.

Na tango tolongoli bosolo te mpe tolandi solo, motema na biso oyo ezali tempelo na Nzambe, ekopetolama. Soko te, nde mabe ekotikala kati na biso, mpe Nzambe Alobi été tokobeba mpo été biso tozali mbindo.

Kasi tosengeli te kokanisa été tokokufa kaka mpo été tozali naino na masumu oyo naino tokokaki na kolongola te. Tokoki kozala na mua masumu matikali kati na motema na biso, kasi soko tokokobaka na koluka na kolongola yango, Nzambe Asepelaka na lolenge wana.

Toloba ete ezali na moto moko na ezaleli na moto moto mpenza. Kasi ye azali koyoka Liloba na solo, asosoli ete azali mosumuki, mpe akitisi na nzela na mabondeli ba ebele na ba tango oyo azwaka kanda. Nzambe Akoloba te ete ye mosumuki. Nzambe Azali kondima ete moto oyo akokoba na kombongwana mpe na mokolo moko ye akokoma moto oyo azwaka kanda soko moke te.

Kasi soki moto moko akolukaka te kolongola ezaleli na moto moto eye ezali lisumu, Nzambe Akobalola mokono na ye na moto yango. Yango etalisi ete Ye azali na kondima te. Soki solo moto yango andimi, solo akobundaka mpenza nan a masumu mpona kolongola yango.

Ezali lolenge moko na koyina, likunia, zua, kowelana, mpe

kosambisaka. Lolenge esosoli biso makambo mazali sembo te liboso na Nzambe mpe tomeki kolongola yango na nzela na mabondeli makasi, motema na biso, oyo ezali tempelo na Molimo Mosantu, ekokoma bulee mpe tokongenga na solo.

Mayele na Mokili Ezali Bolema

Tika moto moko te amizimbisa. Soko moto nani akanisi ete azali na mayele na ekeke oyo, akoma elema ete azala moto na mayele. (3:18)

Nzambe Apesi na biso toli ete tomikosaka biso mpenza te. Tomikosaka ezali kokosa motema na biso moko, mpe yango ezali komeka kokosa Molimo Mosantu kati na biso, oyo ezali lolenge moko na komekaka kokosa Nzambe.

Nini yango elakisi « tomizimbisa te »? Komizimbisaka ezali koyeba Liloba na Nzambe, kasi na kosalela yango te. Bato oyo bazali komizimbisa bango mpenza bazali komeka kokosa Nzambe. Bazali koyoka esengo te, kati na komekaka kobika bomoi na bango kati na kondima. Bakoki te koyoka été Liloba na Nzambe ezali sukali koleka mafuta nzoi. Bazali kaka koyangana na ndako na Nzambe na likanisi moke na kobikaka mokolo moko kati na solo.

Kasi Biblia elobeli biso été Nkolo Akozonga na kala mingi

te, mpe toyebi te mookolo nini Nzambe Akokamata molimo na biso. Tosengeli kaka te kolikia été tokombongwana mokolo moko. Tosengeli kozwa ekateli mpona kosalela Liloba na Nzambe kobanda ngonga oyo eyoki biso yango.

Liloba ekobi na kolobaka ete, "Soko moto nani kati na bino akanisi ete azali na mayele na ekeke oyo, akoma elema ete azala moto na mayele."

Moto naninani akanisi ete azali na mayele kolandisama na mayele na mokili oyo azali na lolendo liboso na Nzambe. Baton a lolenge oyo bakoyamba te Liloba na Nzambe lokolo na lolendo na bango. Mpe yango ekomema bango na kobebisama. Bakoki te kondima Liloba na Nzambe mpo ete batii mayele na bango na liboso na mayele na Nzambe. Bamekaka kososola Liloba na Nzambe na makanisi na bango moko mpe na mayele na bango. Boye, tosengeli kotia pembeni mpe tobebisa ata mayele na lolenge oyo na mokoli soki ekotelemelaka mayele na Nzambe.

Lolenge elimbolama na liboso, oyo elingi te kolakisa ete tosengeli kobosana mayele oyo ezwaki biso kati na mokili oyo. Elakisi ete mayele na mokili mpe boyebi ekoki te komema bison a nzela na bomoi. Kaka Nkolo the nzela, solo, mpe bomoi. Boyebi na mokili oyo ezali kaka sango eye tozali na bosenga mpona kokoba bomoi na biso kati na mokili oyo. Ekoki soko te komema bison a nzela na bomoi na seko.

Likomi mpe elobeli na biso ete "tokoma bolema." Elakisi été tosengeli kofungola mitema na biso, tokoma lokola bana, mpe tosalela Liloba na tango tozwi yango. Tosengeli kozala na mitema na bana mikitisama, milongobana, mpe mipetolama. Na tango tokomi bana na molimo lolenge oyo, tokobwakisa mayele na biso moko, tokozwa mayele euti likolo, mpe tokende nzela na bomoi na seko.

Biloko na mokili ekufaka mpe bwanya na mokili ekoki te komema biso na bomoi na seko. Yango tina eteni elobeli na biso été ekozala malamu kobwakisa mayele na mokili eye ekokani te na Liloba na Nzambe, mpona kokoma « bolema, » mpe tobika na Liloba na Nzambe.

Mpo ete mayele na ekeke oyo ezali bolema epai na Nzambe, Ekomami ete, 'Akokangaka baton a mayele kati na mayele na bango mpenza; mpe lisusu, 'Nkolo Ayebi makanisi na baton a mayele ete mazali mpamba' (3:19-20).

Kati na Luka 16, tomoni moto na misolo oyo azalaki komisepelisa mpenza mokolo na mokolo kosalaka bilambo na bilamba na langilangi, kasi akitani kati na Nkunda na Nse (Ewelo) sima na kufa na ye, konyokwamaka na moto, na kokokaka ata kozwa litanga na mai te. Boni pasi yango ezali! Mpe asengeli kokoba na bomoi na lolenge wana mpona libela, mpe bino bolema yango ezali!

Ba oyo bakanisaka été bazali na bwanya bakokweya kati na mayele na bango mabe. Mayele mabe elakisi été, 'Komikotisa kati na esaleli na mabe mpe mayele mabe.' Lokola bakangami kati na mayele na bango mabe, bakolobaka na bolema makambo lokola été, "Esika Ninini Nzambe Azali?" Bango balukaka ata Nzambe te mpo bandimela mayele na bango

moko, mpe sukasuka bakokendeke nzela na libebi.
Elandi, elobi été, 'Nkolo Ayebi makanisi na bato mayele été mazali mpamba. » Ata soki tokoki koyekola ebele na makambo mpona kokoma moto namayele mingi to mpe monganga, tobimisi biloko mingi, to mpe tozwi nkita monene, ezali mpamba na miso na Nzambe.

Mosakoli 1 :2-3 elobi été, « Bisalela na mpamba, bisalela na mpamba ! Nioso ezali bobele mpamba! Moto akozua libonza nini na misala nioso na ye oyo ekosalaka ye na nse na moi? » Mpe eteni 14 elobi ete, "Nasili komona makambo nioso masalemi nan se na moi, mpe tala, nioso bizali bobele bisalasala mpe koluka kokwa mopepe."

Tika te ete moto amikumisa mpona bato. Pamba te nioso ezali na bino, (3:21)

Nzambe Alobi ete, "tika te ete moto amikumisa na moto." Bandimi bazali na eloko moko te na kobetela tolo bobele Christu. Moto akoki kozala na mayele mingi mpe akoki kozala na koyebana mingi, kasi makambo mana nioso mazali mpe mpamba. Soki azali na bomoi moko te kati na ye. Yango tina Yesu Alingaka bafutisi na mpako mpe ba ndumba esika na banganga to bakolo oyo bazalaki na mayele.

Kati na Matai 21:31 Yesu Alobaki na banganga Nzambe mpe na basusu. Elobi été, "Nazali koloba na bino solo été bakongoli na mpako mpe basi na pite baoingela na Bokonzi na Nzambe liboso na bino."

Banganga elongo na bakolo bakokaki te kondima Liloba mpo été bazalaki na lolendo mpe bazalaki na nzombo kati na bango moko na kokanisaka été bango bazalaki na mayele. Bakokaki ata te kososla Mobikisi oyo Azalaki kotelema liboso na abngo. Kasi bafutisi na mpako mpe basi na pite basosolaki masumu na bango, batubelaki, mpe bazwaki lobiko. Na bongo, komimatisa ezali pamba, mpe tosengeli kaka komimatisa kati na Nkolo.

Eteni elobi mpe été, " Pamba te nioso ezali na bino. » Nioso ezali na Nzambe, mpe izali mpe mpona biso mpo été Ye Azali Tata na biso. Nzambe Akopesa yango mpona biso na tango biloko nioso ekozongelama.

Soki solo efandi kati na moto mpe molimo na ye ekotambola malamu, makambo nioso kati na mokili mazali ma ye.

Soki solo efandi kati na moto mpe molimo na ye etamboli malamu, makambo nioso kati na mokili mazali na ye mpe lokola. Mpo été makambo nioso makosalema lolenge elingeli ye kati na motema na ye lokola elobami kati na Nzembo 37:4 été, « Omisepelisa na YAWE mpe Ye Akopesa yo mposa nioso na motema na yo. » Nzambe Amonaka biso lokola Tempelo na Ye. Boye, soki tokokani na Ye na kozalaka na tempelo bulee mpe epetolama kati na biso, boye, nioso ekozala mpona biso.

soko Paulo to Apolo, soko Kefa, soko mokili, soko bomoi, soko kufa, soko mokili oyo, soko ntango oyo, soko ntango ekoya, yango ezali na bino bino mpe bozali na Kristu, Kristu mpe azali na Nzambe. (3:22-23)

Paulo, Apolo, mpe Kefa, oyo abengami mingi mingi Patelo, bazalaki bango nioso basali na Nzambe. Mpo ete bango nioso bazalaki basali, ezalaki na ntina moko te mpo ete ezalak na bokabwani moko te kati na bandimi. Lisusu, mokili ezali na biso mpo ete yango ezali na Nzambe Tata. Lisusu, kufa ezali kati na biso mpo ete nzoto nioso ekufaka mbala moko. Na molimo, mpe, tokokendaka nzela na bomoi na kondimelaka Yesu Christu. Soki totiki Nzambe, kufa ekoyelaka mpe biso. Boye, bomoi soko kufa nioso etali biso mpe ezali mpona biso. Makambo na ekeke oyo to makambo makoya mpe ezali mpona biso.

Eteni mpe elobi ete tozali na Kristu, mpe Kristu Azali na Nzambe. Biloko nioso mikelami na Yesu Christu (Bakolose 1:16). Na tango tozali na Yesu Christu, mpe Yesu Christu Azali na Nzambe, boye bandimi nioso bazali na Nzambe. Mpo ete biloko nioso mizali na Nzambe, mizali mpe mpona biso!

Chapitre 4

Bozala Balandi na Ngai

Oyo Esengami na Basali oyo Bazali Babateli

Lolenge nini Moto Akondimama?

Bolekisaka na Maloba Te

Bozala Balandi na Ngai

Nguya mpe Makoki na Nzela na Bokonzi na Nzambe

Esengami na Basali oyo Bazali Babateli

Tika ete moto atanga biso ete tozali basali na Kristu mpe babateli na makambo mabombami na Nzambe. Bakolukaka epai na mobateli ete amonana moto na sembo. (4:1-2).

Awa liloba moto etali bandimi mpe bandimela te. Bongo, ba nani bazali basali na Kristu ? Yambo, bazali nanba oyo bazali kopesa solo malasi na Kristu lokola basali na Kristu mpe babateli na mabombami na Nzambe.

Lisusu, nani nani azali na mosala to pete kati na lingomba azali mosali na Kristu. Kasi ata bango oyo bazali na pete te to mpe ebonga kati na lingomba abazali na mosala na bana na Nzambe, mpe basengeli mpe kopesa solo malasi na Christu.

Banani bazali babateli na mabombami na Nzambe 'Mabombami' awa elakisi na nzela na ekulusu. 1 Bakolinti 2 :7 elobi été, 'nde tozali kolobela mpona mayele mabombami na Nzambe, oyo na nkuku, oyo Nzambe Alakisaki liboso na ekeke mpo na nkembo na biso." Ezali mabombami mpo été ebombamaki liboso na bikeke.

Adamu akelamaka lokola molimo na bomoi, kasi molimo na ye ekufaki likolo na kozanga kotosa na ye. Wuta wana, bato nioso basengelaki na kufa, yango ezali lifuti na masumu ezali kufa. Kasi Nzambe na bolingo Abongisaka Yesu Christu liboso na bikeke mpona kofungola nzela na lobiko.

Mabombami oyo etalisamaka na ekulusu na nzela na Yesu Christu na ba mbula 2000 maleka. Biblia ezali na mabombami ebele, eye ezali komema biso na nzela na bomoi. Bango oyo basosoli mabombami oyo babengami 'babateli na mabombami na Nzambe.'

Na eteni 2, babateli bazali 'babateli na mabombami na Nzambe. Lokola ezali bango koyekola Liloba na Nzambe, bakososola mpe koyeba mobeko na Nkolo kolobelaka biso été toteya Sango Malamu epai na bikolo mpe bato nioso. Bango mpe bamikotisi mpe bazali kosala lokola balakisi na kelasi na Eyenga, bayembi na chorale, ba diacre, ba diaconese mikolo, mpe ba mpaka.

Bongo, tosengeli kaka te kokokisa mosala na koteyaka kasi mpe misala misusu kati na lingomba, Nzambe Alaki été Akopesa montole na nkembo epai na ba oyo bazali sembo kino kufa (Emoniseli 2:10).

Kozala sembo ezali kopesa mitema na biso nioso, makanisi, milema, mpe ata bomoi na biso mpona kokokisa misala na biso. Na tango mosali mofutami azali kaka mosala na ye, tokoki te koloba été azali na molende. Tokoki koloba été azali sembo kaka na tango asali mingi na koleka oyo esengelaki na ye kosala na koboyaka kobomba misolo na ye mpe ngonga.

Lolenge Kani Moto Akomisami Sembo?

Kasi ezali likambo moke epai na ngai ete bino bosambisa ngai soko na esambiselo nini na bato. Nazali ata komisambisa ngai moko te. Pamba te ata nasosoli makambo na ngai ete nakwei na likambo moko te, nasili kolongisama na bongo te. Nkolo Azali kosambisa ngai. (4:3-4)

Soki moto moko atali mpe asambisi bino, ezali likambo monene to mpe moke? Soki moto akosambisaka bino, elakisi azali kobuka Liloba na Nzambe, mpe azali mabe. Moto na bosolo akotosa Liloba na Nzambe mpe akosasambisaka soko te mpe akokatelaka soko mpe kotonga basusu.

Moto mabe akoki kosambisa yo ata soki ozali kobika kati na Liloba na Nzambe, kasi yango ezali eloko moke mpona yo. Nzambe Alobi te ete ozali mosumuki mpo ete osili kobuka solo te. Satana akoki mpe kofunda yo te. Ozali na eloko moko te na kotubela.

Bongo kasi, mpo nini ntoma Paulo alobaki été ezalaki eloko moke kasi 'eloko' moko te ?

Luka 6:27-28 elobi ete, "Kasi nalobi na bino bato bozali koyoka ete, 'linga bayini na bino; sala malamu na bango bakoyinaka bino; kumisa bango bakolakela bino mabe; bondela na ntina na banyokoli na bino."

Ezali eloko moke mpona bino mpo ete ezali na kofundama moko te esengeli na komemama epai na bino, kasi mofudi oyo asambisaka bino asalaki kati na mabe na ye. Kasi bosengeli kaka kobondela mpona ye kati na bolingo bongo akokendaka tena nzela na kobebisama. Paulo alobaki ete ezalaki 'eloko moke,' kasi te 'eloko te' mpo ete asengelaki mpe kobondela mpona bato na lolenge oyo.

Eteni 4 elobi ete, "Pamba te ata nasosoli makambo na ngai ete nakwei na likambo moko te, Nasili kolongisama na bango te. Nkolo Azali kosambisa ngai." Soki tokobika kati na Liloba na Nzambe, boye tokozala na eloko moko te oyo ekomema kofundama epai na biso. Elingi koloba ete bomoi na biso eleki kopimama na milimo sambo.

'Milimo sambo oyo' etalisi motema na Nzambe eye ezali kolukaluka kati na ba lolenge sambo kati na bomoi na bato. Makambo mango mazali kondima, esengo, kobondela, matondi, kobatela mibeko, bosembo, mpe bolingo. Milimo sambo ezali kotala soko tozali kobika kati na Liloba, mpe tozwa biyano na kobondela na biso, tosengeli koleka kopimama (Emoniseli 5:6).

Soki tozali kobika kati na Liloba na Nzambe na tango

topimami na Milimo sambo, boye tokozala na boyebi te mpona eloko etelemeli biso moko.

Kasi mpo nini Paulo alobaki ete, "nalongisami na bango te'? Moto akoki kaka kolongisama na nzela na kondima na Yesu Kristo. Yango esalemaka kaka na ngolu na Nzambe (Bagalatia 2 :16 ; Baloma 10 :10). Baloma 3 :23-24elobi été, "Bato nioso babungi mpe bazangi nkembo na Nzambe.Balongi bobele mpona likabo na ngolu na Ye na nzela na Yesu Kristu."

Tokoki te kolongisama soki kondima ezali te. Tokoki mpe te kozala esengo na Nzambe. Ata soki tozali kosunga basusu mpe tozali solo kati na mosala na biso, tokoki te kozwa libula moko soki kondima ezali te.

Kaka Nzambe nde Akoki kopima kondima na biso. Moto akosambisaka kaka na lolenge na komonana na mis onde bakoki kosambisa malamu te. Ndakisa, bakoki kaka kokanisa été moto moko azali na kondima monene mpo été azali kosala na molende kati na lingomba.

Kasi soki ye akoki te kolonga momekano to kopimama mpe azongeli nzela na na mokili, nini esalaki ye esalemaki kati na kondima te. Moto lolenge moko asambisaka kaka na oyo ekoki komonana na miso mpe akoki te kopesa kosambisama na solo. Kaka Nzambe nde akoki kosala kosambisama na solo kati na motema.

Lisusu, moto asalaka kosambisama na mabe mpo été bakosambisaka na lolenge mpe mayele na mokili yango oyo etelemelaka solo. Oyo ezali lolenge moko na kopimaka eloko moko na epimeli ebukana to mpe esengela te. Kaka Nzambe nde

Apimaka lolenge esengeli mpenza, pamba te Akolukakalukaka motema na lolenge na bosolo. Lolenge elobami été, "...kasi ye oyo akosambisaka ngai ezali Nkolo," kaka Nkolo, mpe Nzambe bakoki kosambisa sembo mpe malamu mpenza.

Boye bokata likambo liboso nan tango te, naino Yesu Ayei te. Ye Akokomisa makambo mabombami na molili epai na pole, mpe Akozipola mikano na mitema. Boye na ntango yango, moto na moto akozua lisanjoli na ye epai na Nzambe (4 :5).

"Liboso nan tango, kino ntango ekokoka" etalisi nan tango na kozonga na Nkolo kati na mipepe.

"Makambo mabombami kati na molili" ezali masumu mpe mpe makambo makotelemelaka solo. Makambo nioso oyo makomonisama na tango Nkoolo Ayei kati na mopepe. Bango oyo bazali kati na molili bakokamatama te likolo na kati na mopepe. Lisusu, kati na bango oyo banetwami na mopepe, bosantu mpe kosanga mbeba na motema na moto moko na moko ekotalisama polele liboso na Nkolo.

Nini ezali 'kozipola mikano na mitema'? Oyo ezali mokkano na motema na Nkolo, yango ezali solo. Na tango Nkolo Akozonga na mopepe, moko na moko akozua masanjoli na ye kolandisama na misala ma ye. Akosanjolama kolandisama na boni mingi ye alingakii Nzambe, boni sembo ezalaki ye, mpe boni boni eteyaki ye Sango Malamu mpe abondelaki.

Elobi été, 'Boye bokata likambo te liboso na ntango, Nkolo naino Ayei te." Mangomba mazali koleka mimekano mpo été bandimi bazali kosambisama moko na mosusu mpe bakokoma na zua. Mbala mingi Biblia elobeli biso été ezali malamu te kokatelaka bandeko biso.

"Boleka na Maloba te"

Bandeko, nalobeli bino mpenza makambo oyo na ngai mpenza mpe na Apolo ete boyekola koleka makambo makomami te mpe ete bokumisa molakisi moko lokumu mpe na lolendo mpe kotiola mosusus te (4:6).

Ntoma Paulo mpe Apolo balakisaki Liloba na Nzambe mpe batikai ndakisa malamu. Kaka Liloba na Nzambe ezali mokano na solo na Nzambe, mpe banngo balingaki te moto moko akosama na ba buku mosusu te to mpe malakisi oyo ezali na lokuta.

Nini mpenza Paulo mpe Apolo balakisaki bandimi? Balakisaka été Yesu Ayaka kosilisa makambo na masumu na biso mpe komema biso na nzela na bomoi na seko mpe lobiko. Babetisaka sete été bana oyo na Nzambe bango oyo bandimaka likambo oyo basengelaka kobika bomoi na bonzambe kolandisama na Liloba mpona kozwa lobiko.

Kasi bato misusu batelemelaka malakisi oyo. Kotelemela

Nzambe ezali kobika te kati na solo mpe kolandaka makanisi na moto moko na moko na kotosaka te Liloba na Nzambe.

Tosengeli kobatela bulee Sabata, kasi bango bakanisaka ete bakoki kaka kosalaka oyo elingi bango na Eyenga kaka sima na bango kokota mayangani na ntongo. Biblia elobi na biso ete tongangaka kati na kobondela, kasi bango bakanisaka ete kobondela kati na kimia eleki malamu mpe bangangaka te.

Na tango Dawidi abukaki Liloba na Nzambe, mosakoli apamelaki ye na kolobaka ete atiolaki Liloba na YAWE Nzambe.

Soki tokosalaka oyo elingi biso kolandisama na mposa na biso moko, ezali kotelemela mokano na Nzambe.

Ye oyo azali kotelemela Nzambe azali moto na lolendo. Akanisi ete boyebi mpe makanisi ma ye mazali solo, mpe akotelemelaka Liloba na Nzambe. Akomi mosambisi na esika na Nzambe, mpe boni lolendo yango ezali!

Masese 16:18 elobi ete, "Lolendo liboso na kobeba, molimo na nzombo liboso na kokweya."

Pamba te nani azali kolongisa yo? Ozali na eloko nini oyo epesameli yo te? Soko yango eppesameli yo, mpona nini ozali komikumisa lokola ete epesameli yo te? Kasi botondi naino! Naino bozali bazwi! Naino eyei biso te, bozui bokonzi! Nalingi mpe ete bozala mikonzi esika moko na biso (4:7-8).

Paulo atunaki bandimi kati na lingomba na Bakolinti bango oyo bazalaki na kokabwana na kozala mooto na Apolo, Paulo, Kefa, to Kristu, mpe ye oyo atika mondimi moko na lingomba azala na likolo to nan se na mondimi mosusu. Awa 'kokabola' esalemi kati na lolendo. Kowelana mpe bokabwani ezali misala na Satana.

Boye, nini Nzambe Akabolaka? Akabolaka masumu mpe boyengebene, kufa mpe bomoi na seko, mpe molili na pole. Nzambe Akabolaka solo mpe kozanga solo. Nzambe Akabolaka te bandimi na masanga na etuluku moko kolandaka moto moko mpe oyo mosusu kolandaka mosusu to mpe atiaka moto moko likolo na mosusu te.

Na moboko, Paulo alobelaki na bandimi na lingomba na Koolinti bango oyo balandaki te malakisi ma ye ete, "Nalakisaki na bino solo, mpe nini ezali oyo bozwaki te? Nalakisaki bino na koppesa na bino ndakisa. Kasi, bozali kosala lokola bozwaki solo te."

Lisusu, alobaki ete, "Soki bozwaki yango, mpo nini bino bozali komimatisa lokola bozwaki yango te? Awa Paulo azali koloba ete bandimi na lingomba na Bakolinti bazalaki te kobika kkati na boyengebene mpe na kosalaka lolenge na baton a mokili. Azalaki koloba ete bango bazalaki kozwa misala na Satana. Mpona oyo etali kobeta tolo na bango atunaki mpo nini bakoki kobetaka tolo kati na bango moko mpona makambo na mokili na tango bana na Nzambe basengeli kaka kobetaka tolo kati na Nkolo, kasi na makambo na mokili te.

Soki tomeki kobika kati na solo bongo tosengeli koyoka nzala mpe na mposa na komela mpona boyengebene. Totala lolenge nini na mposa na mai tokoki komona na yango na tango totoki mingi mpenza na mokolo na tango na molunge. Ezali na Basoda oyo bakomela mai nioso bakutani na yango na mokili na tango mposa na mai ebeti bango mingi mpenza na sima na momekano makasi mpenza.

Bakolandaka tea ta soki ezali petwa te, mpo ete ekoki kaka te mpona kokanga mposa na bango na mai.

Lisusu, soki tozali na mposa na komela mpe na nzala mpona solo tosengeli kokoma baton a komikitisa mpona kosalela basusu. Kasi bandimi kati na lingomba na Kolinti balingaki mokili koleka koyekola solo. Bazalaki na lolendo mpe komimatisa mpona boyebi na bango, misolo, mpe bwanya na mokili oyo bango bazwaka.

Boye eteni 8 elobi ete "Kasi botondi naino! Naino bozali bazui! Naino eyei biso te, bozui bokonzi! Boni bato nna lolenge bango Bakolinti oyo bakanisaki été basili kokoma lokola bakonzi!Bango bazalaki na nzla mpe na mposa na komela te mpona boyengebene na mitema misokema kasi bango batondaki mpe bazalaki bazui. Misala na bango mikesanaki na solo.

Ezali na molongomkati na lingomba, yango etiama na Nzambe. Kasi bandimi na lingomba na Bakolinti bazalaki kosala lokola bazalaki bakonzi. Yango ntina Paulo azali kopamela bango mpe kolobaka ete bazalaki kosala lokola bazwaki solo moko te.Soki tozali na misala moko te kolandaka sima na koyoka Liloba, bongo tozali na kondima ekufa.

Boye, tango nini tokokonza lokola bakonzi?

Emoniseli 20:6 elobi ete, "Esengo mpe bulee ezali ba oyo babimi na lisekwa na liboso; kufa na mibale ezali na nguya moko te likolo na bango, kasi bakozala banganga Nzambe mpe na Kristu; bakozala bakonzi esika moko na Ye mbula nkoto."

Ba oyo bandimeli Yesu Christu lokola Mobikisi na bango bakonetwama na mopepe na Kozonga na Nkolo. Bakozala na Elambo na Libala kati na mopepe mpona mbula 7. Bongo, na tango yango ekosila, bakokita na mokili oyo na Bokonzi na Nkoto na ba mbula mpona kokonza na Nkolo.

Paulo, na kokanisaka mpona oyo, alobaki été, « ...Bozwi bokonzi, nalingi été tozala mpe bakonzi elongo na bino." Azali kopesa toli epai na bandimi na Kolinti été basengeli te kosala lokola bakonzi mpona bango kobikisama mpe bakonza kati na Bokonzi na mbula Nkoto moko.

Ntoma Paulo azalaki moto oyo abikaka kati na solo na koyebaka mokano na solosolo na Nzambe mpe oyo asosolaka nzela na lobiko mpe na bomoi na seko. Na bongo, Paulo azalaki ye oyo asengelaki kosala lokola mokonzi kotambwisaka bandimi mpona kobika kati na solo. Kasi bandimi na lingomba na Bakolinti bazalaki na lolendo mpe bazalaki kokonza lokola bakonzi kolobaka été, « oyo ezali kaka malamu, » mpe « yango wana ezali kaka malamu. »

Boye, bakokaki kozala na eloko moko te na kosala na ntoma Paulo, mpe yango tina Paulo azali koloba na bango été bakoka te kokonza lokola bakonzi kati na Bokonzi na mbula Nkoto moko. Soki bakobaki na kosalaka bongo. Paulo azali koloba été oyo ezali ye kotangisa ezali solo, mpe kaka na tango bayambi yango mpe basaleli yango, nde bakoka konetwama na mopepe mpe bakonza kati na Bokonzi na mbula Nkoto moko.

Mpo ete nabanzi Nzambe Abimisi biso bantoma lokola bato bakitisami ete bakufa, ete tozala etalisemi, mpona mokili, mpe mpona banje, mpe mpona bato. (4:9).

Ezali na makanisi na ba lolenge mibale. Moko ezali makanisi na molimo mpe mosusu ezali makanisi na mosuni. Na tango solo kati na motema na moto esalelami mpe ekomi likanisi, ezali makanisi na molimo. Ba oyo bazali kati na Liloba na Nzambe, mingi mingi bango oyo bazali baton a molimo bakokoba na kozala na makanisi na molimo na kozwaka lisungi na Molimo Mosantu kati na mitema na bango. Na loboko mosusu, bango oyo bazali kati na solo te bakosalela yambo bosolo te kati na mitema na bango na nzela na makanisi kouta na Satana. Yango ezali makanisi na nzoto.

Paulo alobaki ete, "Nabanzi" nde awa, ezali makanisi na bato te kasi makanisi na molimo. Ezali likanisi na ye moko te kasi oyo na Molimo Mosantu. Awa, 'kobanza na ye' ezalaki solo.

Ntoma azali mosali na Nzambe oyo azali kokokisa mokano na Nzambe. Biblia elakisi mpe biso nzela na mosali na solo. 1 Bakonzi 19:21 elobi ete, "Azongaki na nsima na kobila ye; akamataki bangombe mibale bakangami, abomaki bango, alambaki misuni na bango na bikangelo na bangombe mpe apesaki yango epai na bato mpe baliaki. Wana, atelemaki mpe abilaki Eliya, asalelaki mpe ye."

Lolenge nini ezalaki na bayekoli na Yesu? Matai 4:18-22 elobeli biso ete na tango Yesu abengaki Yoane mpe Yakobo lokola bayekoli ba Ye batikaki bwato na bango, makila, mpe ata tata na bango mpe balandaki Yesu. Kati na Bagalatia 1:16, Paulo alobaki ete atalaki na mosuni mpe makila te' na tango Yesu Abiangaki ye lokola ntoma na Ye.

Lolenge oyo, mosali na solo na Nzambe asengeli mpenza kotosa Liloba. Asengeli kotosa Nzambe na mobimba mpe kosala kati na mokano Ye mpona kokoma moto na molimo na bulee mpe asantisama. Boye, ye akozwa nguya na Nzambe.

Lisusu, ata soki bozali ba pasteur to basali na Nzambe te, soki kaka bozali kolanda na mobimba mokano na Nzambe, Nzambe Akondima bino lokoola ntoma na molimo. Baton a lolenge oyo bakotalisa misala na nguya na Nzambe. Ba ndakisa mibale ezali Philip mpe Setefano.

Paulo akobi na kolobaka été, 'Nzambe Akomisi bis oba ntoma bato na nsuka na molongo, lokola bato basengeli na kufa ; été tozala etaliseli mpona mokili, mpe mpona banje mpe mpona bato."

Lelo, tango mokatelami abomami, moke na bolamu etalisamaka epai na ye na kopesaka ye bilamba mpe makaya mpe na kotunaka ye nini elikia na ye na suka ezali. Kasi nan tango ba lingomba na ebandeli, bazalaki konyokola mpe kobeta makasi ata moto oyo akatelamaki na kufa. Bato bazalaki kosalela bango na bolamu te.

Bazalaki kokomisa bango bilei na ba nkosi na nzala, kokitisa bango, kotukwela bango soi, mpe kobola bango mabanga. Ba ntoma bakatamaki mitu to kobakama na ekulusu. Basusu bakangemaki na ba nzoto mazali kopola kino tango bango mpe bakokufa na tango ezalaki bango kolyoka solo mabe. Pasi mpe mawa esengelaki kozala makasi.

Ba ntomma bayebaki mpona suka na bango. Bayebaki ete balingaki kokufa kufa na somo sima na kotatolaka mpona lisekwa na Yesu Christu. Yango ntina Paulo alobaki ete,

"Nzambe Akomisi biso ba ntoma baton a nsuka na molongo, lokola bato bakitisami ete bakufa, ete tozala esaleli mpona mokili mpe mpona banje mpe mpona bato."

Nani Akonzaka mokili? Ezali Nzambe. Akonzaka yango na nzela na banjje na Ye. Boye kaka Nzambe te kasi banje bayebaki mpe tango nini mpe bayekoli basusu basengelaki na kokufa na tango ezalaki bango kozwa kotiolama mpe kobwakama.

Bato bakobanda koseka bantoma na kolobaka été, « Bozalaki kotalisa bilembo mpe bikamwa, mpe mpo nini bokoki te komibikisa na mpasi ?" Paulo mpe akomaka lisano na bato na tango ekufaki ye.

Bongo nini Paulo, Petelo, mpe basusu bayokaki liboso na kufa na bango?

Bayebaki lolenge nini balingaki kokufa. Petelo ayebaki ete akobakama na ekulusu moto nan se makolo na likolo. Paulo ayebaki ete alingaki kopesama na maboko na bapagano soki akendaka na Yelusaleme. Kasi azwaki kaka nzela yango na kobanga moko te mpo ete ayebaki ete ezalaki mokano na Nzambe (Misala 21:7-14).

Nzambe Atikaki yango ekomama mpo ete makansi na bango balingaki kobomama ezalaki na motuya mingi mpenza. Koyoka na lolenge nini bango balingaki kozala na yango na tango ezalaki bango kosala mosala na Nzambe mpe koyeba solo ete ekomemela bango kufa?

Tokoki kososla mitema na bango na nzela na Biblia. Bapesaki matondi mpe basanjolaki Nzambe ata na tango babetamaki. Bakomaki bilei na ba nkosi ata bongo basepelaki mpe basanjolaki Nzambe. Bongo, nini eteni oyo elakisi ? Kati na Matai 5 : 11-12, Nkolo Alobi été, "Mapamboli epai na bino wana bakotuka bino mpe bakonyokola bino mpe bakolobela bino mabe nioso mpona Ngai.Bosepela mpe boyoka esengo pamba te libonza na bino ezali monene kati na Likolo. Mpo banyokolaki bango basakoli baoyo bazalaki liboso na bino."

Ba ntoma bayebaka ete mokili oyo ezalaki kaka mpona ngonga moke mpe na ntina moko te. Bango batalelaki kaka mabonza na Lola. Yango tina bakokaki kosepela mpe na kozala na sai kati na likambo nioso. Yangon de kondima. Lolenge kani tokoki te kosepela na tango tokoki kozwa ebele na mabonza na konyokwamaka mpona nkombo na Nkolo?

Kasi bantoma bayebaki ntango nini balingaki kobomama, nde bazalaki kozela yango mpenz ana koleka nan tango. Ezali te ete bazalaki kobanga kufa, kasi bazalaki na mua kotungisama mpo ete balingaki kobikisa ebele na milimo kati na ngonga wana moke etikalaki.

Lolenge nini Yesu Asalaka? Baebele 12:1-2 elobi ete, "Na bongo mpo na bisoo, awa ezingelami bison a lipata monene boye na batatoli, tolongoola bipekiseli nioso mpe masumu mazali kokanga biso topota na etingia na emekaneli na mbango etiami liboso na biso, awa ezali biso kotala Yesu , Ye Mobandisi mpe Mosukisi na kondima. Mpo na esengo etiami liboso na Ye, Ayikeli ekulusu mpiko, Atioli nsoni na yango, mpe Azali kofanda na loboko na mobali na kiti na bokonzi na Nzambe."

Ezali mpenza nsoni ete Muana na Nzambe, Yesu, atukamaki mpe atiolamaki na bikelamo na Ye mpe babakaki na Ye na ekulusu. Lolenge nini nsoni yango ekozala soko nkolo atiolami mpe abetami makasi na baumbu na ye?

Ata bongo, Yesu na kolinga Azwaki ekulusu mpona lobiko na biso mpe Afandaki na loboko na mobali na kiti na bokonzi na Nzambe. Tosengeli mpe kosala mokanoo na nzambe na kokanisa te mpona soni moko yango ekomemela biso.

Bozala Balandi na Ngai

Biso bilemma mpona Kristo, bino baton a mayele kati na Kristu; Bison a bolembu, bino na nguya! Bino na lokumu, kasi biso na nsoni (4:10).

'Biso' awa etalisi ntoma Paulo, bandeko basali na ye basali Apolo, mpe basali na Nzambe bango oyo bayebami na Nzambe lolenge wana. Lisusu, elakisi bango nioso oyo bazali na kondima mpona kobika kati na mokano na Nzambe.

Bongo, mpo nini Paulo azali koloba ete azalaki elema mpona Christu?

Emonani lokola azalaki elema na miso na bapagano to mpe bango oyo basengelaki koozala bandimi kasi babikaki te kati na Liloba na Nzambe. Ndakisa, soki moto moko abeti bango mbata. Kasi ba oyo bazali na kondima, bakokanga motema mpona yango mpe bakomeka na kososola yango ata soki basali na likambo moko te. Ezali mpo ete Liloba na Nzambe elobi na biso ete, na tango tobetami na ngambo moko na litama, topesa litama mosusu. Bongo, tomonani balema na miso na baton a mokili na tango tozali kobika kati na Liloba na Nzambe.

Paulo akobi na koyekolisa bandimi na lingomba na Bakolinti na kolobaka ete, "Tozali balema mpona Kristu, kasi bino bato na mayele."

Soki bandimi na lingomba na Bakolinti bakokaki kopesa litama na mwasi na tango babetamaki na litama na mobali, nde baton a mokili bakokaki komona bango bazoba.

Eteni elandi elobi ete, "bison a bolembu, bino makasi." Ba Ntoma bazalaki na bolembu, mingi mingi bango oyo bazalaki kobika kati na Liloba na Nzambe bazalki na bolembu, kasi bangoo oyo babikaki te kati na solo bazalaki makasi.

Paulo azali kolobela yango, mpo été bango bazalaki kobika kati na solo te, bakanisaki été bakokaki kosala nioso na nguya na bango moko, kasi bazalaki kaka komilakisa lokola bango makasi.

Tika ete totala likambo na Yesu. Kati na 2 Bakolinti 13:4 elobi ete, "Pamba te Abakisami na ekulusu na bolembo nde azali naino na bomoi mpo na nguya na Nzambe. Mpo biso tozali na bolembu kati na Ye, nde tokobika na Ye elongo kati na nguya na Nzambe na ntina na bino."

Yesu Afungolaki miso na bakufi miso, Atambolakisaki batambolaka te, Apetolaka baton a mbala, Ayokisaki bayokaka te, mpe Asekwisa ata bakufi. Lisusu, Akitisaka mopepe makasi mpe ba mbonge na Liloba na Ye. Azalaki moto na nguya makasi.

Kasi nini yango elakisi ete, "Abakisami na ekulusu na bolembu"?

Soki Yesu Atalisaka nguya na Ye, ekokaki te kosalema mpona moko abaka Ye na ekulusu. Na butu oyo bakangaki Ye, Petelo akataka litoi na mosali nan ganga Nzambe na mopanga na ye (Malako 14:47). Kasi Yesu Alobaki ete, "Tika, lisusu boye te." Mpe Ye Asimbaki litoi na ye mpe Abikisaki ye. Nde, Yesu Asosolisaki Petelo ete Ye Akokaki kosenga na Nzambe mpe Amema ba legion koleka zomi na mibale na banje (Matai 26:53).

Yesu akokaki kobengana na mbala moko bato wana soki ezalaka mokano na Nzambe te mpona Ye kokangama. Yesu Azalaki na nguya kasi asalelaki yango mpona Ye moko te kasi mpona kokokisa mokano na Nzambe.

Muana na Nzambe Yesu Azali mpenz amooto na nguya mingi, kasi Ye Akomaki moto na bolembo kolandisama na mokano na Nzambe.

Yango ezalaki mpona kosikola bison a masumu. Soki Atikalaka makasi moto moko te akokaki kobaka Ye na ekulusu. Akomaki na bolembu na mokano na Nzambe mpo ete tokokaki kozwa lobiko kaka soki Ye Asikolaka bison a masumu na bison a nzela na kobakama na Ye na ekulusu.

Paulo elongo na ba ntoma misusu mpe basengelaki na kokoma na bolembu mpona kobikisa milimo. Paulo alobaki ete, "Nazalaki liboso na bino na bolembu mpe na nsomo mpe na kolenga mingi" (1 Bakolinti 2:3), mpe "Soki ekoki mpona ngai komikumisa nakomikumisa mpona bolembu na ngai" (2 Bakolinti 11:30).

Na nini esengeli na bino komikumisa? Bokomikumisa mpona makasi na bino ? Nalikii été bokomikumisa mpona bolembu na bino kati na Nkolo. Soki totikali makasi, tokozala na lolendo mpe totalisa bosembo na biso moko. Tosengeli kozala na bolembu kati na solo mpona kosalela basusu na komikitisa mpe tomona basusu malamu koleka biso. Tosengeli kokoma na bolembu mpo été tosengeli kolonga mabe na malamu.

Kasi tosengeli na kokanisa eloko moko. Ata soki moto abeti biso mbata,, tosengeli kososola moto yango mpe tokoka kopesa litama mosusu. Tosengeli kondima eloko oyo ezali kokitisa Nzambe.

Kati na Sango Malamu na Yoane 2:14-15, Yesu Akutaki bato kati na Tempelo kotekisaka ba ngombe, bam pate mpe mabenga. Ezalaki mpe na ba bongoli na misolo bango bafandaki na ba mesa na bango. Yesu Asalaki fimbo, mpe Abenganaki bango nioso libanda na Tempelo, elongo na bam pate mpe ba ngombe; Mpe abwakaki misolo na babongoli na misolo mpe Abalolaki ba mesa na bango.

Yesu Azali bopolo mpe bolingo yango mpenza, kasi Andimaki te koyokisa Nzambe soni na kotekisaka mpe na kosombaka biloko kati na Tempelo. Na bongo, tosengeli kososola solo malamu mpe tondima eloko moko te eye ezali kokitisa Nzambe to mpe lingomba, oyo yango ezali nzoto na Christu.

Paulo akobi koloba na bandimi na lingomba na Bakolinti ete, "...Bino na lokumu, kasi biso na nsoni." Ba ntoma na ekeke wana bazalaka solo na lokumu te; bazalaka konyokolama, na ba tango misusu kobolama mabanga, kobetama, mpe kotiolama.

Lelo, ezali lolenge moko na basali sembo na Nzambe. Soki

tokolakisaka bilembo mpe bikamwa, moyini zabolo akofanda kaka kimia te. Akomeka kobebisa misala na Nzambe.

Lisusu, bandimi misusu bakomaka na zua mpe bakotungisa mpe bakomema makambo mpo été bakoki te kotalisa bilembo oyo te. Basali na Nzambe to mpe bana na Nzambe bakoki kotiama na esika mabe mingi mpenza mpona ebele na makambo, mpe ezalaki bongo na tango na Paulo mpe lokola.

"Bango basali na Kristu? Nazali koloba lokola moto na liboma---, Naleki na misala makasi, na kokangama minyololo, na kobetama fimbo mbala mingi mpenza, na kobelema na kufa mbala na mbala. Mbala mitano epai na Bayuda nazui fimbo ntuku minei loongola moko. Nabetami na mangenda mbala misato, nabwakelami mabanga mbala moko. Mbala misato masua na ngai ezindi na mai; naumeli moi mpe butu mobimba kati na main a monana; na mibembo mbala mingi, na makama na bibale, na makama mpona babotoli, na makama mpona baton a libota na ngai, na makama mpona bapagano, na makama kati na mboka, na makama kati na lisobe, na makama kati na main a monana, na makama mpona bandeko na lokuta; na mosala makasi mpe na mpasi, nab utu mingi izangi mpongi, na nzala mpe na kozanga mai, kozanga bilei mbala mingi, na mpio mpe na bolembu" (2 Bakolinti 11:23-27).

Na momesano ba oyo bazali makasi bakobetaka basusu. Kasi boni na bolembu mpe na bopolo Paulo azalaki ? Likolo na bolembu na ye azalaki kobetama na ba mbala mingi mpenza mppe anyokolamaki mpenza mingi mpe bongo. Abetamaki kutu mpo été azalaki na lokumu te.

Paulo azalaki na nzala, na mposa na komela, na malili, mpe

na bilamba te, kasi akokaki kokanga motema mpona makambo mana nioso. Alobaki etet na motuya mpona ye ezalaki kaka mitungisi na ye mpona mangomba.

"Mpe pembeni na makambo oyo nioso, bozito na mikakatano na ngai mpona mangomba ekamoli ngai. Nani azali na kolemba mpe ngai nazwi bolembu te? Nani atii libaku mpe ngai nasiliki te ? Soki ekoki na ngai komikumisa, nakomikumisa mpo na bolembu na ngai » (2 Bakolinti 11 :28-30).

Paulo abetaki tolo mpona bolembu na ye. Tosengeli mpe kobetaka tolo mpona bolembu, kasi makasi te.

Kino ntango oyo toyoki nzala mpe mposa na mai, tolati mabe, tobetami, tozangi efandelo, tozali kosala misala na maboko na biso mpenza. Ekotukka bato biso, tokopambolaka; ekonyokolaka bango biso, tokoyikaka mpiko; ekotiolaka bango biso, tokobondisaka na maloba. Sasaipi tosili kokoma lokola bosooto na mokili, lokola biloko bibwakami (4:11-13).

"Kozala na nzala mpe na mposa na komela" awa ezali na limbola na molimo. Ezali te mpona nzala na nzoto mpe mposa na komela. Bango bazalaki te na nzala mpe na mposa na komela mpo été Nzambe Azangaki kopesa bango.

Ndakisa, ezali na bandimi misusu bango oyo bazali na nzala mpe na mposa na komela ata soki bazali na nkita na biloko. Bandimi wana babimisaka misolo mpona bango moko te kasi basalaka makasi na abngo mpona kobimisa yango mpona Nzambe mpe mpona bokonzi na Ye, mpona misssion na mokili, mpe kotonga na lingomba, mpe bongo na bongo.

Paulo azalaki koteya mpe kosala mosala na esika moko. Na tango yango Sango malamu naino epalanganaki te, mpe asengelaki na kobandisa mangomba mpe na ngonga moko na tango bato bazalaki kobomama kaka mpo été bandimelaki Yesu Christu. Mpo été asengelaki kopanza Sango Malamu ba bisika oyo bango bayebaki mpenza te Yesu Christu, moto moko te ayambaki ye malamu.

Yango tina ntoma Paulo ateyaka Sango Malamu mpe na ngonga moko koluka na kobika na mosala na maboko. Kasi na tango atolamaka, apambolaki, mpe na tango anyokolamaki, akangaki motema.

Kotiolama ezali kofingama na maloba. Biblia elobi na biso ete tosepelaka mpe tozala na sai na tango tonyokolami mpona Nkolo (Matai 5:11-12).

Matai 5 :44 elobi été, "Nde Ngai Nalobi na bino été, 'bolinga bayini na bino, mpe bobondelaka mpona banyokoli na bino." Boye tosengeli kolinga bayini na biso mpe tobondela mpona banyokoli na biso.

Eteni 13 elobi ete, "...ekotiolaka bango biso, tokobondisaka na maloba." Yango elakisi na tango basusu bazali kotiola biso, tosengeli komema bango kati na bososoli na maloba na nzambe. Tosengeli te kokotela bango nsese mpe na kofinga bango, kasi tolinga bango, topambola bango, mpe tosunga bango mpona kososola.

Boye, tokozala na kimia, toboya mosala soko nini na Satana. Lisusu, tokozala na kimia, nde tokoka kosepelaka mpe na kopesa matondi. Tosengeli te kozokisama to mpe kozwa bolembu mpona moto moko.

Na tango ntoma Paulo asalaka na lolenge oyo, bakomaki lokola bosoto na mokili oyo, lokola biloko bibwakami. Nini yango elakisi?

Bato bakolisaka ba imbwa to mpe bandeke na kolandelaka bango mpenz ampe koliesaka bango. Bango oyo balingaka ba nzete mpe ba fololo bakokangaka ba nyama mke, bakobwakelaka bango mai mpe kotia fumier na mabele, mpe bakolongolaka matiti. Balingaka ba nzete yango mpo ete bikomemaka mua esengo mpe kimia na makanisi na bato.

Kasi bantoma batiolamaki, banyokwamaki, balakelamaki mabe, mpe babetamaki esika na bango kozwa bolingo, Basalelaki bango lokola bato mpamba mpe biloko nan se koleka na mokili. Ata ba nyama mpe bandunda elingamaki koleka epai na baton a mokili, kasi ba ntoma basalelaki bango lokola ba fulu.

Basengelaki na kolingama mingi mpo ete bazalaki kosilisa mikakatano mpe makambo na baton a mokili. Bateyaki Liloba mpe babikisaki ba malali na bango. Kasi na esika na kondimama, babetamaki mpe bakatelaki bango lokola bapengwisi. Basengelaki tango nioso kokimaka mpona kozala mosika na konyokolama. Yango ntina ntoma Paulo alobaki ete bazalaki lokola bato bakisimai mingi koleka mpe bosoto na mokili.

Nakomi makambo oyo nioso mpona koyokisa bino nsoni te, kasi mpona kopamela bino lokola bana balingami na ngai. Pamba tea ta bozali na balakisi nkoto na nkoto, kati na Kristu, nde bozali na batata mpenza mingi te. Mpo ete ngai nabotaki bino kati na Kristu Yesu na nzela na Sango Malamu (4:14-15).

Ntoma Paulo sasaipi alimboli ntina na ye kokoma mokanda oyo. Ezalaki te mpona koyokisa nsoni bandimi kati na lingomba na Bakolinti kasi mpona kobondisa bango lokola bana b aye na bolingo lolenge na tata na molimo.

Eteni 15 elobi ete, "Pamba tea ta bozali na balakisi nkoto na nkoto, kati na Kristu nde bozali na batata mpenza mingi te. Mpo ete ngai nabotaki bino kati na Christu Yesu na nzela na Nsango Malamu."

Tata akoleisa bana ba ye, akokoma mokengeli na bango mpe akolakisa bango kino tango bango bakola. Akopesa na bana na ye oyo esengeli mpona kobika. Mpo été bazali ba tata te balakisi bazali kaka mpona koyekolisa.

Na lolenge moko, lelo ezali na ebele na balakisi mingi kati na lingomba, kasi ba tata mingi te. Mingi mingi, ezali na ba pasteur mingi bazali kolakisa Liloba na Nzambe. Kasi ezali na ba tata na molimo mingi te bango oyo bazali bato na vosolo mpenza bango oyo bazali kondima likambo na kolona kondima kati na bandimi, kokolisa bango, koyekolisa bango katii na bosolo mpe kotambwisa bango kino ekokoma nbango bakolo na molimo. Ntoma Paulo alobi été,, « Nakomi tata na bino na nzela na Sango Malamu. » Boye, elingi kolakisa été Paulo akomaki tata na bandimi kati na lingomba na Bakolinti ? Iyo, akoma tata na bandimi kati na lingomba na Kolinti mpo été abotaki bango na nzela na Sango Malamu.

Bongo, nini yango kobota na nzela na Sango Malamu kati na Yesu Christu?

Na tango tondimeli Yesu Christu mpe toyambi Molimo Mosantu, tozwi nkona na bomoi kati na motema na biso. Kaka lolenge mboto ekwi kati na elanga ebimaka, ekoli mpe ebimisi ba fololo, mpe na suka ekobimisaka solo ba mbuma, nkona na bomoi eye ekweyaki na motema na biso ekobanda kobima.

Bongo, nzela nini esengeli mpona mondimi koleka mpe na kokola? Bango oyo bandimeli kaka Nkolo mpe bayambi Molimo Mosantu bazali lokola bana bebe bakoli sika. Bazali kaka na ebandeli na etape kati na kondima, kasi kondima na bango ekokola na nzela na Liloba na Nzambe. Babandi sasaipi kokola mpona kozala na kondima na bana mike, nde sima oyo na bilenge mibali, mpe na suka oyo na batata (1 Yoane 2:12-14).

Na ebandeli bakoki te kososola Liloba nioso na Nzambe oyo eyokaki bango, kasi moke moke bakososolaka Liloba. Bakokamata yango lokola lipa na bango na bomoi, mpe bakombongwana kati na solo. Liboso nan tango oyo, miso na bango eyokaka mpe matoi mayokaka makambo na mokili. Maboko na bango masalaka makambo mazali malamu te. Kasi sasaipi, bazwi esengo na komonaka, koyokaka, mpe na koosalaka makambo mazali kati na solo. Bakomekaka kokanisa mpe kobongisa makambo malamu mpe koloba maloba malamu.

Nini ekoki komema mbongwana na lolenge oyo esalema? Basosoli Liloba na Nzambe oyo eteyami mpe ebongoli bomoi na bango. Bato nana nzela na Sango Malamu mosuni bakomi bato na molimo, mpe yango ezali kobota na molimo oyo elobelaki Paulo.

Solo, Tata be moko na molimo ezali Nzambe Tata. Kasi tokoki kobenga bango oyo baboti bison a nzela na Sango Malamu batata na molimo.' Mingi mingi, Nzambe Azali Tata na bino na ebandeli, kasi basali na Nzambe oyo baboti biso na nzela na Sango Malamu mpe bamemi bison a kokola kati na molimo bakoki mpe kokoma ba tata na bison a molimo. Kasi ya solo bitape mikesani.

Bozala bayokoli na ngai lolenge ezali ngai moyokoli na Kristu (4:16)

Paulo alobi kati na 1 Bakolinti 11:1 ete, "Bozala bayokoli na ngai, lokola ngai nazali moyokoli na Christu." Ezali na condition kati na liteyo oyo.

Soki tata akoki koloba na molende na sembo ete abikaki bomoi nan a elonga mpe malamu, boye lolenge nini bokozela ye mpona kolakisa bana na Ye? Akolakisa bango solo ete balanda ye.

Kasi toloba ete tata abikaki mpenza bomoi na ndakisa malamu te. Ye azali molangwi masanga mpe moto na kobundaka. Boye solo akosenga na bana na ye ete balanda ndakisa na moto mosusu oyo azali malamu.

Ntoma Paulo apesaki toli na bandimi na lingomba na Kolinti na motema na tata malamu. « Bozala manyokoli na ngai, lokola ngai nazali monyokoli na Christu." Akokaki koolakisa bandimi na Kolinti na maloba oyo mpo été azalaki kolanda Yesu Christu.

Eteni oyo elingi koloba été, "Bolinga Nzambe na koleka nioso, lolenge ngai nalingaka Ye na koleka nioso, mpe bozala sembo kino kufa lolenge ngai nazala sembo kino kufa. » Lolenge nini ntoma Paulo alingaka Nzambe ?

Lolenge kati na 2 Bakolinti, akomak elema kaka mpona Christu. Mpona Christu akomaki na bolembu mpe na lokumu te; azalaki na posa na komela, nzala, abetamaki mpe na bilamba te, mpe na tango ye banyokolaki ye, akangaki motema mpe abondelaki mpona banyokoli na ye, mpe na tango batiolaki ye apambolaki bango.

Paulo asalaki makambo mana nioso kati na solo. Ye Akokaki koloba ete, bozala balandi na ngai" mpo ete afandaki kati na Liloba na Nzambe na kolingaka Kristu mpe na kozalaka na bizaleli na Yesu Christu.

Mingi mingi, soki tolandi ndakisa na Paulo, elakisi ete tozwi oyo na Yesu. Soki tozwi bizaleli na Yesu, elakisi ete tozali na bizaleli na Nzambe, mpe lisusu na koleka tosangani kati na Bonzambe na Ye (2 Petelo 1:4).

Yango ekokani moke na likambo esika wapi bayekoli na Yesu batuni na Ye ete Alakisa bango Nzambe. Yesu Azongisaki monoko ete bango oyo bamonaki Ye bamonaki mpe Nzambe. Ezali mpo ete na kolandaka kaka mokano na Nzambe Yesu Akokanaki na Nzambe. Tosengeli mpe kolobela na basusu na makasi ete bazala balandi na bison a kolingaka Nzambe mpe na kobikaka kati na solo.

Yango wana nazali kotindela bino Timote, ye azali mwana

na ngai na bolingo mpe na kondima kati na Kristu Yesu; ye akokanisela bino mpona nzela na nga kati na Kristu Yesu. Nakolakisaka bongo na bipai nioso, na mangomba nioso (4:17).

Paulo alobeli Timote lokola 'mwana na ngai molingami mpe na kondima kati na Kristu mpo ete Paulo alingaka Timote mingi mpenza mpe akolisaka ye na Liloba na solo. Na bongo, Timote akomaka moto na sembo na kolandaka ndakisa na ntoma Paulo mpe kobikaka kati na solo.

Paulo atindaka Timote na esika na ye na Kolinti mpona kolakisa bandimi kati na lingomba nini eyekolisaki ye kati na mangomba nioso. Awa lokola na bisika nioso mpe na lingomba nioso, oyo elakisamaki ezalaki na kokesana te, kasi lolenge moko. Alalisaki Liloba lioko wana na Nzambe mpe nzela moko wana na ekulusu. Atatolaka mpona lisekwa na Yesu Christu mpe atalisaki elembo na solo na Liloba na Nzambe mpe lolenge moko na ekulusu. Atatolaki mpona lisekwa na Yesu Christu mpe atalisaki elembo na solo na Liloba na misala na ye.

Bongo nini yango elakisi" Timote akokanisela bino mpona makambo nioso oyo Paulo alakisi kati na mangomba nioso"? Timote alandaki bizaleli na Paulo mpe alakisaki nini eyekolaki ye epai na Paulo.

Ndakisa, ntoma Paulo alakisaki kaka te lolenge nini basengelaki kobondela kati na kokila bilei mpe na konganga na kobondela mpona kozwa biyano na Nzambe. Asalelaki oyo ezalaki ye koteya. Timote mpe asalaki lolenge moko. Timote alingaki kaka te kolakisa, kasi asalela mpe atalisa nini eyekolisaki ye. Paulo asungaki babola mpe apesaki makasi na bango oyo bazalaki kati na mimekano mpe ba pasi. Timote akosala mpe eloko moko, kosungaka babola mpe kopesaka makasi na bandimi kati na minyoko.

Oyo esalaki Timote ezalaki lolenge moko na Paulo. Yango tina ata soki ntoma Paulo azalaki na bango elongo te, na tango bamonaki misala na Timote, bango bandimi kati na lingomba na Kolinti bakanisaki mpona Paulo.

Nguya mpe Makoki na nzela na Bokonzi na Nzambe

Bamosusu bavimbi na lolendo lokola ngai nazali koyela bino te. Kasi soko Nkolo Akani boye, nakoya mbango epai na bino. Boye nakososola bobele monoko na bato oyo te, kasi nguya mpenza na bango (4:18-19).

Ntoma Paulo abandisaki lingomba kati na Kolinti mpe alongwaki mpona mosala na mobembo na Asia. Na ngonga moko, ndambu na bandimi kati na Kolinti bakomaki na lolendo. Bakanisaka ete Paulo akozongaka lisusu te mpe bango moko bakomaki kosala lokola mikonzi. Bango bapesaki botosi na bango oyo bazalaki likolo kati na molongo na lingomba te.

Solo, moto nioso asengeli kobatela oyo kati na bongo, mpo ete tozali na makambo na lolenge moko ata na lelo. Lolendo ekoki kokola kati na biso ata na kososola te ete tozali na yango. Na tango emati mpenza, ekotalisama na miso na bato misusu, kasi moto ye moko akoki te komona yango.

Na bongo, tosengeli tango nioso komitala na Liloba na Nzambe. Na nse na ebonga kati na molongo na lingomba asengeli kotosa bakolo kati na molongo. Ata kutu bakambi basengeli te kozwa mokano tp mpe kosala nioso na bango moko lolenge elingeli bango.

Eteni 19 elobeli motema na Paulo kozalaka na komitungisama mpo ete bandimi kati na lingomba na Bakolinti bakomaki baton a lolendo. Babandaki kokoma libaku mpona Bokonzi na Nzambe, mpe koyokisa Ye soni. Paulo alingaki kokende mbala moko mpona kotala bango mpona kosilisa likambo wana, kasi ezalaki pete te mpo ete ye azalaki na Efese.

Paulo asosolaki malamu na nzela na makambo mingi amonaka ete akokaki te kosala eloko na mokano na ye moko te nde kaka soki Nkolo Apessaki ye nzela. Na tango elingaki ye kokende na Asia mpona koteya Sango Malamu, Molimo Mosantu, Apekisaki ye. Kati na emoniseli Paulo amonaki Momacedonia kosenga ye ete aya na Macedonia mpona kosunga bango. Abongolaki bongo nzela na ye mpe akendaki mbala moko na eropa (Misala 16:6-10).

Bana nioso na Nzambe bakoki koyoka mongongo na Molimo Mosantu na loelnge oyo bango balongoli solo te kati na mitema na bango mpe bakolisi solo kati na bango. Boye, na tango eyoki biso mongongo na Molimo Mosantu, tosengeli kolanda yango na esika na kolanda makanisi na biso moko.

Kasi soko tokomekaka kozwa mokano kolandisama na

makanisi na biso moko, longe, mpe makambo na biso moko ata sima na biso koyoka mongongo na Molimo Mosantu, nde Nzambe Akoki te kotambwisa biso mpona kozwa elonga. Na likambo oyo, soki tososoli yango na mbala moko ete nzela na biso ezali te mokano na Nzambe mpe totubeli nde sima tolongwe, tokoki kokima mimekano mpe bakokoso mpo ete Nzambe Akosala mpona bolamu na makambo nioso.

Kasi na mingi na makambo, bango oyo bayokaka te to mpe kotosa mongongo na Molimo Mosantu bakokoba na kosalakakolandisama makanisi na bango moko mpe bango bakoka kokokisa mokano na bango na mobimba te. Ata soki Molimo Mosantu Akolelaka katii na bango mpe bango bakoyokaka motema pasi, bango bazwaka yango yango mpenza likambo na motuya te mpe bakobaka na nzela na bango moko.

Paulo akobi na koloba ete, "Kasi soko Nkolo Akani boye, nakoya mbango epai na bino. Boye nakososola bobele monoko na bato oyo te, kasi nguya mpenza na bango." 'Nguya' awa ezali na mua bokeseni na 'nguya' elobelami na eteni 20. Awa, 'kasi nguya mpenza na bango' elakisi ete Paulo alingaki komona misala na bango kati na solo. Mpona biso kobika na Liloba na Nzambe, tosengeli kozwa nguya na Nzambe oyo elekaka eloko nioso na makasi na biso moko.

Nasengi bokanisa na tango wana eyambaki bino Nkolo mpe bozwaki ngolu na Nzambe. Sima na kondimela Christu mpe koyamba Molimo Mosantu, tobandi koyekola Liloba na

Nzambe. Bongo, tokozwa ekateli mpona kobika kati na Liloba na Nzambe, kasi solo tokoki kaka kosala yango na bopete te. Tozali na bosenga na kolanda Liloba na Nzambe, kasi tozali na makasi na kosala bongo te.

Na ngonga oyo, tokoki kozwa ngolu mpe nguya euti na likolo mpe tosalela Liloba na Nzambe na solo moko na moko mpe moke moke soki tokokoba na kobondela na kotika te. Kasi soki tozali kobondela te, tokoki kozwa nguya euti na likolo ten de bongo tokoki kosalela Liloba te, ata soki tozali ba Christu mpona tango molayi.

Boye, mpona kobika bomoi na mapamboli na kobatelaka Liloba na Nzambe, tosengeli kobondela na kotika te. Esengeli ten a tango tozali kobondela mpo ete totondisami na Molimo Mosantu mpe tokobondelaka ten a tango kotondisama elongwe. Tosengeli kobondela na motema na biso nioso mpe na kotika te, kasi tosengeli kokomisa yango momesano.

Kaka lolenge Yesu Alandaki bizaleli na Ye mpona kobondela, tosengeli mpe kosala lolenge moko mpona kotondisa mabondeli na biso. Na lolenge ezali biso kotondisa mabondeli na biso, tokozala na ebele na lisolo na molimo na Nzambe. Nde, molimo na biso ekotambolaka malamu mpe tokozwa nguya mpona kobika kolandisama na Liloba.

Mpo ete bokonzi na Nzambe ezali likambo na maloba te, kasi likambo na nguya (4:20).

'Nguya' awa ekeseni mwa moke na nguya kati na eteni na liboso. Nguya awa ezali nguya oyo ezali na etape na likolo koleka nguya na eteni 19. Paulo alobaki ete bokonzi na Nzambe ezalaka na maloba te, kasi na nguya. Lelo ezali na koloba mingi kati na mangomba, kasi bokonzi na Nzambe ezali na maloba te kasi na nguya, mpe maloba kaka ezali mpamba.

Ba ntoma kati na lingomba na ebandeli bazalaki na makoki na koloba malamu te. Petelo na ebandeli azlaaka molobi mbisi. Azalaki na makoki na koloba malamu te mpe azalaki na boyebi mingi na makambo na mokili te, kasi na tango ezwaki ye nguya na likolo, amemaki bato nkoto misato na kotubela na mokolo moko. Paulo azalaki na makoki na bato nioso te, kasi azalaki na nguya na Nzambe. Atiaka moboko na Sango Malamu na mokili mobimba kati na mikakatano na lingomba na ebendeli.

Ezali lolenge moko lelo. Bokonzi na Nzambe ezalaka kaka na nguya yango mpenza. Boyebi mpe mayele malamu mingi na mokili ekoki te kobikisa molimo. Tokoki mpe te koyeisa monene bokonzi na Nzambe na maloba to mayele na bato to mpe kolonga etumba kati na etumba na moyini zabolo.

Tomoni na ebandeli kati na 1 Bakolinti 2:4 ete ntoma Paulo alobaki ete, "koloba na ngai mpe esakweli na ngai ezalaki na maloba na elengi mpe na mayele te, kasi mpona komonisa Molimo mpe nguya." Azwaka boyebi mingi mpona kotanga nan se na Gamalia, mpe amonaki yango nioso kobunga mpe bosoto.

Awa, nini 'nguya' ezali yango oyo ekoki kolona kondima kati na bato, kobikisa milimo, mpe koyeisa monene bokonzi na Nzambe?

Yambo, ezali kobatela mpe kosalela Liloba na Nzambe kati na misala mpe na bosolo na tango tondimi Yesu Christu, tozwi Molimo Mosantu, mpe tobondeli liboso na Nzambe. Mpe yango ekoki kaka kosalema te lolenge elingeli biso, kaka kaka na nguya kati na kondima.

Na tango bato oyo bango bazali kobota mbuma na Molimo Mosantu babondeli kati na kondima mpona kozwa nguya na koleka, Nzambe Akopesa na bango nguya mpe bokonzi euti likolo. Ezali nguya na Liloba, mpe yango elandisamaka na bilembo mpe bikamwa.

Ata soki tozali namakoki na koloba malamu te, tokozala na makoki na koteya Liloba oyo ekotaka ata na kokabola molimo mpe molema; mafuta mpe misisa na mikwa; mpe kobongola motema soki tozwi nguya na Liloba na Nzambe. Tokoki kolona kondima kati na bango mpe kosunga bango mpona kobika na Liloba na Nzambe.

Na Yoane 4:48 ekomama ete, "Yesu Alobi nde na ye ete, 'Soko bokomona bilembo mpe bikamwiseli te, bokondima te?'"

Mpona kobikisa milimo, tosengeli kozala kaka na nguya na Liloba te, kasi mpe kotalisa bilembo mpe bikamwiseli oyo ekoki kolona kondima kati na bato. Bato bakondimaka solo na tango bamoni bilembo mpe bikamwa mpe solo ete Nzambe Azali elongo na bango. Lolenge oyo, bakoki kolonga mokili mpe babika kati na Liloba na Nzambe.

Soki bilembo mpe bikamwa ezali te, ekozala pasi mpona kozala na kondima na solo mpe kobika kati na Liloba. Ekoki kaka kobimisa 'bakeyi na lingomba' bango oyo bazali lokola matiti. Na bokoli na mayele mpe na technologie, tozali kutu na bosenga monene koleka mpona bilembo mpe bikamwa kolela na liboso, kasi bato misusu bazali kotiola yango na tango tolobi été ezali na bilembo mpe bikamwiseli kosalema.

Kasi ba oyo bazali na motema malamu bakondima Yesu lokola Mobikisi na bango moko na tango bamoni bilembo mpe bikamwiseli. Na ekeke na Yesu mpe lelo, ezali bango oyo bazalaka na motema malamu ten de bakotiolaka misala oyo na nkamwa.

Kati na buku na Misala, tomoni été na maboko na bantoma bilembo mingi mpe bikamwa mizalaki kosalema kati na bato, mpe motuya na bandimi kati na Nkolo ekobaki na komata (Misala 5:12-14). Lisusu, sima na kosekwa mpe na konetwama na Yesu Christu, bayekoli babimaki mpe bateyaki esika nioso, na tango Nkolo Asalaki na bango elongo, mpe Akokisaki Liloba na bilembo mpe bikamwiseli mizalaki kolanda (Malako 16:19-20).

Bolingi nini? Nayela bino na fimbo soko na bolingo mpe na

molimo na boboto (4:21)?

Awa, 'fimbo' etalisi etumbu kati na mpammela. Ntoma Paulo azalaki na nguya na kopesa etumbu basusu kati na bandimi na lingomba na Bakolinti, kolongola bango na eboonga na bango to mpe kobengana bango na lingomba. Ezalli mpo été azali ye wana abandisaki lingomba na Bakolinti mpe abotaki bango na nzela na Sango Malamu. Ata soki Paulo azalaki kosala mosala na esika mosusu na tango wana, akokaki kopesa etumbu to kopamela bango. Lolenge nini ezali mpona bino ? Bino bolingi kokutana na Nzambe na bolingo mpe na kosokema, to mpe Nzambe na etumbu? Tosengeli te kokutana na Nzambe na esika wapi asengeli na kopesa biso etumbu!

Chapitre 5

MALAKISI MPONA OYO ETALI EKOBO

Lolenge Nini na Kosala na Tango Pite Esalemi

Kokabwana na Nfulu na Kala

Bosanganaka ten a Baton a Pite

Lolenge Nini Kosala na Tango Ekobo Esalemi

Pamba te eyokani ete ekobo ezali kati na bino, ekobo na lolenge lomonani ata kati na bapagano te; ete moto akamati mwasi na tata na ye. Bino bozali mpe na lolendo! Ebongi na bino te bolela? Tika ete moto na oyo asali likambo yango alongolama na kati na bino. (5:1-2)

Ntoma Paulo ayokaki ete ezalaki na ekobo kati na bandimi na lingomba na Kolinti. Ekobo yango elakisi ekobo na nzoto, pite, mpe misala malamu te. Bongo ekobo na lolenge nini ezalaki kati na lingomba na Bakolinti oyo Paulo alobaki été, « ...ekobo na lolenge lomonani te epai na bapagano" ?

Moto asanganaki nzoto na mwasi na tata na ye. Awa, liloba 'mwasi na tata na ye' elakisi mama mbanda to mwasi oyo azalaki makango na tata na moto yango. Azali te mama moboti, kasi azali kaka, na lolenge moko, 'mama' mpo été ye azali mwasi na tata. Mpo été moto moko azalaki kofanda na lolenge oyo elongo na ye, Paulo alobaki été makambo na lolenge oyo mazala te ata kati na Bapagano.

Tokutani na likambo na lolenge oyo kati na Kondimana na Kala, mpe lokola, Lubene azalaki na likambo na lolenge oyo na likango na tata na ye, Biliha, mpe Yakobo ayokaki mpona yango (Genese 35:22). Na tango Yakobo azalaki na mbeto na ye na kokata motema, abengaki bana na ye babali zomi na mibale mpe alobaki na Lubene ete, " Lokola main a mpela; okoki kopekisama te; okopusa bandeko nay o te mpo ete obuti na mbeto na tata nay o; bongo obebisi yango- obuti na mbeto na ngai" (Genese 49:4).

Solo likambo na lolenge oyo esalemaka mpe kati na Bapagano mpe lokola. Kasi Paulo alobaki ete likambo na lolenge oyo ezala tea ta kati na Bapagano mpona kobetisa sete ete likambo na motindo oyo ekoki ata soki te kozala kati na bandeko na lingomba.

Nini bongo soki likambo na lolenge oyo esalemi kati na lingomba? Bango oyo balingaka Nzambe mpe bazali na kondima bakolela mpenza mpona likambo yango. Bakobondela mpe kokila bilei na kolobaka ete, "Nzambe, Yokela ye mawa, mpe tosengi Olimbisa lingomba na biso mpona koyokisa Yo nsoni."

Kasi bandimi na lingomba na Bakolinti bazalaki na lolendo mpe bango bazalaki ata na koyoka mabe te mpona yango. Basalaki eloko moko te mpona yango na kokanisaka ete yango etalaki bango te. Paulo alobaki ete, "Bokomi na lolendo." Lolendo ezali ezaleli na komimatisaka etalisamaka na tango moto akoki kondima eloko ten a komimonaka to mpe ezaleli etalisi kotelemela to kotala mpamba basusu. Bango oyo bayambaki Molimo Mosantu mpe bayebi Liloba na Nzambe basengeli te kosala kati na lolendo.

Bongo nini ezali lolendo na molimo? Na tango eyambaka biso Nkolo mpe totondisamaki na Molimo Mosantu, biso nioso tokomaki na komikitisa. Bandimi na sika, na tango batondisami na Molimo Mosantu, bazalaka na komikitisa epai na bato nioso mpe batalisaka matondi na bango. Bakososolaka ata bango oyo bakolobisaka bango te kati na limemia mpe na lolenge na boboto. Bamonaka ete moto nioso azali kitoko mpe malamu.

Na tango bato batondisami na Molimo Mosantu na ebandeli, bakomaka na komikitisa mpe bakolela soki bamoni eloko oyo ezali kokitisa Nzambe. Kasi na tango bamoni ete bango betelemi likolo na libanga na kondima na lolenge moko boye, bato misusu babandaka kokanisa ete baleki bamisusu kaka mpo ete bango bazali kobondela mingi mpe bayebi malamu Liloba na Nzambe.

Lolenge ekokoba bango kati na lolendo, misala na bango kolandisama na solo ekokita. Bakososolaka te koolela na Molimo Mosantu kati na bango. Ata na tango basusu batioli Nzambe to basumuki, bakomonaka yango koswa kati na motema te. Na tango ndeko kati na kondima asumuki, bakomona yango lokola likambo na moto moko boye. Bazali na komitungisama moko te mpona ye kuti bakosambisaka mpe kotongaka ye mpenza. Soki tozali na lolendo moko te tokomona makambo nioso matali lingomba lokola ya biso moko. Boye, soki ndeko kati na kondima asumuki, tokolela na kati na kopasola motema na biso lokola likambo yango ezalaki oyo na biso moko.

Lokola bandimi na lingomba na Koolinti bakomaki na lolendo, bango balelaki te mpona eloko yango ya nsoni oyo ezalaki koleka kati na lingomba na bango mpe basalaki eloko moko te mpona yango. Bango bazalaki kaka kokanisa ete, "Soki olingi kokweya kati na kobebisama na masumu nay o, yango etali bobele yo moko. Ekoki kak mpona ngai nabika kati na solo."

Ata ngai nazali mosika na nzoto, nazali penepene na molimo; mpe lokola ezali ngai penepene, na nkombo na Nkolo Yesu, nasili kokata likambo na moto oyo asali bongo. (5:3)

Ntoma Paulo alobi ete "azalaki mosika na nzoto kasi penepene na molimo" na lingomba na Bakolinti. Na bongo, na molimo asi asilaki kokata likambo na moto ooyo asanganaki na mwasi na tata na ye. Likambo na moto oyo asalaki lisumu oyo ekokaki soko te na kondimama. Paulo asi asilaki kokatela motema na moto oyo ezalaki mpenza libanga kino na kobwakisama epai na Nzambe.

Sasaipi, ntoma Paulo apesaki na bango motindo nini esengelaki na bango kosala liboso na bango kokutana na kanda na Nzambe. Mingi mingi, mpo ete moto yango azalaki na motema na koboya kotubela mpe na kolongwa na yango, basengelaki na kolongola ye kati na lingomba.

Basusu bakoki na komituna ete, "Soki Biblia esengi na biso tosambaka moto mosusu te, mpo nini Paulo azali kokata mpona moto na likambo oyo?" Ya solo, kolandisama na Liloba na Nzambe tosengeli te kokata mpona moto, kasi ezali na bato oyo bazali na makoki na kosala yango.

Matai 7:5 elobi ete, "Yo mokosi, longola liboso libaya lizali na liso nay o mpe tala, okomona polele mpona kolongola mpumbu ezali na liso na ndeko nay o."

Bango oyo 'balongoli libaya na liso na bango' mingi mingi, ba oyo babikaka mpenza kati na Liloba na solo, bakoki komona malamu mpumbu na bandeko misusu. Kaka bato oyo na molimo bango oyo balongoli mabe na lolenge nioso bazali na makoki na kosambisa basusu. Ntoma Paulo azalaki moto na lolenge oyo.

Na bongo, tosengeli te kososola mabe eteni oyo mpe tokanisa ete tokoki mpe na kokata lolenge ntoma Paulo asalaki. Liboso na biso kosambisa basusu, tosengeli naino kotala sima kati na biso moko mpenza, tolongola mabe na lolenge nioso, mpe tobika kati na Liloba.

Kka bato wana na molimo bango oyo bazalaka na komikitisa, batonda bolingo, mpe bakoki kolela mpona basusu, mpe balingaka Nzambe koleka nioso bakoki na esika na kosambisa basusu.

Na nkombo na Nkolo Yesu nasili kokata likambo na moto oyo asali bongo. Ekoyangana bino wana, molimo na ngai ezali na bino elongo na nzela na nguya na Nkolo Yesu. Moto yango akokambama epai na Satana mpona kobebisama na nzoto ete abika na molimo na mokolo na Nkolo. (5:4-5)

Ntoma Paulo azalaki na mozindo na etape na molimo, mpe na tango ezalaki ye kokoma ba buku oyo na Kondimana na Sika, Azalaki mpe na lisungi lizanga suka na Molimo Mosantu. Eteni 4 mpe 5 ememi moindo na molimo kati na yango mpe ezali mpe na limbola na molimo mpe lokola.

Tomoni makomi misusu kati na Biblia eye ezali pasi mpona kolimbola te. Tokoki te kososola limbola esengela na makomi na lolenge oyo kaka soki Nzambe Alimboli yango na biso na nzela na Molimo Mosantu. Lelo, ebele na bato balimbolaka maloba oyo na bonzoto. Na kosalaka boni bakaniisi été bakoki kobikisama ata soki bayebi malamu été bazali kosumuuka. Bongo, nini, ezali limbola na molimo ezwami kati na eteni 4 mpe 5?

Soki tomanyoli eteni oyo na bonzoto, tokoki kokanisa ete, "Na tango tosumuki na ngonga na bomoi oyo, tokopesama epai na Satana mpo ete toleka na nzela na mimekano na kofutama. Kasi, soki totubeli mpe tolongwe, kaka nzoto na bison de ekobebisama, mpe molimo na biso ekokoba na kozwa lobiko na tango Nkolo Akozonga."

Kasi Emoniseli 3:5 elobi ete, Mpona molongi, ye akolatisama na bilamba mpembe, mpe nakoboma nkombo na ye na buku na bomoi te." Nkolo Alobi ete Akoboma te kombo na ye na buku na bomoi te. Kasi lisusu, tososoli été Molimoo Mosantu Akoki kozimama lolenge 1 Batesaloniki 5 :19 elobi été, "Bozima Molimo te."

Kati Biblia, toyekoli été ezali na masumu oyo ekoki kolimbisama lolenge moko mpe na masumu oyo ekoki te kolimbisama. Bango oyo bakotuka to koloba mabe mpona Molimo Mosantu, to bango oyo bameki ngolu na Lola mpe sima bazongeli mokili mpe kanyaka bakoki te na kobikisama. Nzambe Akopesa bango molimo na tubela te mpe bakoki kolimbisama na masumu na bango te (Baebele chapitre 6 & 10). Bongo, esengeli te bozangi bososoli ezala mpona ntina na lobiko na biso.

Elandi ntoma Paulo Alobi ete, "na tango boyangani, nazali kati na bino nna molimo, na nguya na Nkolo na biso Yesu." Yango elakisi liboso na biso tokata mpona likambo etali Nzambe, tosengeli koyangana na nkombo na Yesu Christu mpe toyeba nini esengeli biso kosala na nkombo na Ye. Ata soki makanisi na biso mamonani lokola malamu, mizali mabe soki mikokana ten a Liloba na Nzambe. Kaka solo na Nzambe nde solo, mpe ezali kaka malamu na tango tozwi ekateli kati na solo na Nzambe.

Boye eteni 5 elingi kolakisa ete ntoma Paulo mpe bandimi na lingomba na Bakolinti basanganaki na molimo nse na kombo na Nkolo Yesu, mpe na nguya na Nkolo Yesu babenganaki libanda na lingomba bato oyo balakisaka ekobo ezanga tubela. Nzambe Alobeli biso ete tolinga bayini na biso, bongo mpo nini babenganaki ye na lingomba? Kozala na ekobo na lolenge na kosangana na mwasi na tata na moto azalaka te, ata kati na Bapagano. Boye ekokaki te kondimama kati na lingomba.

Moto moko oyo ayebi te Liloba na Nzambe akoki kosala masumu. Kasi soki moto oyo ayebi Liloba na Nzambe asali lisumu na lolenge oyo, akoki te kolimbisama, mpo ete moto na lolenge oyo azali na motema na mangongi oyo epekisaka ye na kotubela masumu maye. Soki moto na lolenge oyo azali kati na lingomba, akozala na influence mabe mpona bandimi kati na lingomba. Bakoki mpe kokanisa ete moto na lolenge oyo akoki mpe kolimbisama mpe bango moko basumuka.

Na tango eyokaki ye ete ezali na ekobo na lolenge oyo kati na lingomba na Bakolinti, ntoma Paulo asosolaki ete sango yango ezalaki bongo. Biblia elobeli na biso ete tozala na batatoli mibale to mpe basato mpona kotatola masumu na moto (Dutelonome 19:15).

Tokoki te kofunda moto moko kaka na koyoka na motatoli moko mpo ete ezalaka na batatoli na lokuta. Tosengeli kozala na batatoli babale to mpe misato.

Ntoma Paulo, mpe, ayokaki kaka ten a moto moko kasi atalisaki likambo sima na koyoka na ebele na bato. Kaka sima na wana nde apesaki sango na ye epai na bango na kolobelaka bango ete balongola moto yango mosumuki kati na lingomba mpo ete ye akotubela te mpe akolimbisa,ma te.

Boye, bandimi na lingomba na Bakolinti bazalaki na makutani mpe abimisaki moto oyo asalaki lisumu na lolenge oyo libanda na lingomba, na kondimaka ete mokano na ntoma Paulo ezalaki lolenge moko na oyo na Nzambe.

Soki moto moko abenganami libanda na lingomba na lolenge na bosembo, kala mingi te Satana akokanga ye. Ezali mpo ete Matai 18:18 elobi ete, "Nazali koloba na bino solo ete, 'eloko nini ezali bino kokanga awa na mokili, ekokangama na Likolo; mpe eloko nini ezali bino kofungola yango na mokili yango ekofungolama na Likolo."

Lokola lingomba ezwaki ekateli na kobengana na lingomba moto oyo asalaki ekobo oyo, abwakisamaki na Nzambe mpe apesamaki na Satana.

Ya solo, elingi te koloba ete moto nioso oyo abimisami libanda na lingomba abwakami mpona libela. Toloba ete moto asumukaki, oyo ekoki kolimbisama mpe na oyo ye akoki kotubela mpe na kolongwa. Kasi lingomba esaleki mbeba mpona kokatela mpe balongoli ye. Na likambo oyo, Nzambe Akobwakisa ye te.

Nzambe Alaka biso ete Akolimbisa biso ata mbala 'ntuku sambo na sambo', soki totubeli mpe tolongwe (Matai 18:22). Lisusu, Alobaki kati na Nzembo 103:12 ete, "Mosika pelamoko yango kati na epai na ebimelo nan tango mpe epai na elimweli na yango, mosika boye asili kolongola bipengweli na biso!"

Na bongo, na tango moto moko asali lisumu, lingomba esengeli kososola ye, kolimbisa ye, mpe kobondela mpona ye soki akoki kotubela mpe kolongwa na masumu.

Nzoto Elakisi Lolenge na Masumu

Eteni 5 elobi ete, "Moto yango akokabama epai na Satana mpona kobebisama na nzoto, ete abika na molimo na mokolo na Nkolo." Nini yango elingi kolakisa? Eteni na liboso elobeli lolenge kani balongolaki moto oyo asalaki ekobo, mpe eteni na suka ezali liteyo mpona bana na Nzambe, yango etali te moto oyo asalaki ekobo na lolenge oyo.

Na boye, tosengeli te kosangisa eteni na suka na ndambo na eteni oyo na liboso. Mingimingi, koloba été Paulo apesaki epai na Satana moto oyo asanganaki na mwasi na tata na ye elakisi été ye alingaki kobikisa molimo na bandimi kati na lingomba na Bakolinti na tango na bozongi na Nkolo, ata na kotia bonzoto na bango na kufa.

Na tango lolenge na masumu, oyo ekotaka kati na moto na nzela na moyini zabolo, esangani na nzoto, kobima na yango ekobengama 'musuni'. Paulo apesaki moto azalaki na kosangana na ekobo na maboko na Satana mpona komema bandimi na lingomba na Kolinti na kolongola mpenza mpenza lolenge na masumu mpe na kozwa lobiko na mobimba' na kokomaka bato solo na molimo.

Soko moto na lolenge oyo abimisamaka libanda na lingomba te, bandimi basusu balingaki kosala masumu na lolenge moko mpe sukasuka bango balingaki kokoma na esika wapi bakozwaka lisusu lobiko te. Na bongo, na likambo na lolenge oyo lingomba esengeli kolongola moto na boye mpo ete bandimi misusu bakoka kososola ete bakokaki na kobimisama na lingomba na tango bango basali masumu na lolenge oyo.

Get Rid of Old Leaven
Kokabwana na Nfulu na Kala

Komikumisa na bino ezali malamu te. Boyebi te ete mfulu moke ekofulisa mapa mobimba? (5:6)

Paulo alobi ete "Komikumisa na bino ezali malamu te." Na nini bango bamikumisaki?

Tomonaki été bandimi kati na Kolinti balelaki te ata na tango moko na bango ayokisaki Nzambe soni makasi na ekobo. Paulo alobaki été oyo ezali likambo na lolendo. Kasi, bango babondelaki epai na Nzambe kolobaka été, "Nzambe, ye asali lisumu oyo ezalaka ata te kati na Bapagano, nde bongo natondi Yo mpo été Nalingaka Yo mpe nasalaki lisumu na lolenge oyo te kolandisama na Liloba na Yo."

Bongo, nini ezali ntina ete Paulo apamelaki bango na kolobaka ete, "Komimatisa na bino ezali malamu te"?

Yambo ezali mpo ete biso tozali na eloko moko ten a kobetelaka tolo kati na mokili oyo.

Bomoi na biso ezali bobele se na baleki nzela mpe ba nzoto na biso ikozonga na moke na mputulu sima na kufa. Yakobo 4:14-16 elobi ete, "Boyebi makambo na lobi te. Bomoi na bino ezali nini? Bozali bobele londende komonana mua ntango moke na nsima kolimwa. Kasi ekoki na bino koloba ete Soko ezali mokano na Nkolo tokozala na bomoi, mpe tokosala boye mpe bongo. Nde sasaipi bozali komikumusa na nzombo na bino. Komikumisa nioso na motindo nioso ezali mabe."

Ata soki tosumuki sko moke te mpe tobiki kati na Liloba na Nzambe, tokoki mpe te komikumisaka été tozali na lisumu te. Yango ekoki kaka kosalema na nguya na Nzambe, kasi na makasi na biso te.

Kasi bandimi kati na lingomba na Bakolinti babenganaki ata moto te oyo azalaki na ekobo kasi bango bazalaki komikumisa lokola ezalaki bango bulee, pamba te bazalaki na lolendo. Paulo alobaki ete ezalaki malamu te mpo ete bango bazalaki kobeta tolo na komonaka nkembe na Nzambe kobebisama.

Mibale, ezali mpo ete nfulu moke ekomatisaka lipa mobimba.

Awa, 'mfulu' na molimo etalisi masumu. Biblia elobeli masumu na ba lolenge mingi lokola koyina, likunia, kowelana, bongo na bongo. Kotalisa ekobo na mfulu moke elingi te koloba ete lisumu yango ezalaki moke. Elobi ete ekobo ezalaki moko kati na ebele na masumu.

"Farina na mapa mobimba' elakisi bandeko nioso kati na lingomba na Kolinti. Na tango Paulo alobaki ete, "Boyebi te ete mfulu moke ekofulisa mapa mobimba?" elakisi ete bandimi kati na Kolinti bazalaki sasaipi kobeta tolo ete bango babikaki kati na solo na kotongaka moto yango asumukaki, kasi solo, bango mpe lokola bakoyamba solo misala na Satana soki bandimi moto yango. Yango tina Paulo alobi ete komikumisa na bango ezalaki mabe.

Ezali na bato misusu bakoki te kobatela motema na bango likolo na bato bazingizingi bango.

Bana oyo bamonaka ba tata na bango komela mikolo nioso mpe kobikaka na kolanda bilengi na mokili bamesana koloba ete bakolanda nzela na ba tata na bango te. Kasi sima na ba mbula emonani ete basalaka bongo soko mpe te mingi na koleka na tango bango bakoli.

Bandimi kati na lingomba na Kolinti bakokaki mpe komekama mpe basumuka soki bandimaki moto oyo asumukaki. Bakokaki kokita na esika na masumu eleki mozindo soki ebandaki bango kokanisa ete, "Soki batali mpamba lisumu na lolenge oyo, boye lisumu moke ezali OK."

Boye, soki moto moko asali masumu, tosengeli kolandila likambo yango nokinoki. Soki totiki yango mpamba, kaka lolenge mfulu moke efulisaka farine na mapa mobimba, motuya na basumuki ekomata mingi mpenza mpe lingomba mobimba ekobebisama.

Longola mfulu oyo na kala ete bozala mapa na sika, pelamoko mapa mazangi mfulu. Pamba tem pate na elekeli na biso esili kotombwa mbeka mbeka, Ye Kristu (5:7)

Ntoma Paulo apesaki toli epai na bandimi kati na lingomba na Bakolinti na kolobaka ete bazalaki na mfulu kati na bango te, mpo ete bandimelaki Yesu Kristu mpe balimbisamaki na masumu na bango. Awa, 'ezangi mfulu' elakisi 'bana na Nzambe oyo bazangi lisumu'.

Ata soki tondimeli Yesu Christu mpe tozwi kolimbisama na masumu, tosengeli kokabwana na mfulu na kala mpona kokoma mpenza bato na sika. Mfulu na kala elakisi lolenge nioso na masumu mpe mabe, nakanisi mazali kotelemela solo, mpe bizaleli mabe. Paulo azali koloba ete tosengeli kolongola mfulu oyo na kala mpona kokoma moto na sika.

Paulo akobi na koloba ete,"Pamba te Christu elekeli na biso Apesamaki mbeka." Elekeli ezali elambo mpona kokanisa ete Nzambe Abikisaka bana na Yisalele nan tango ezalaki Ye kobeta bolozi na kufa na bana na liboso na Ejipito (Esode 12:12). Bana babali na Yisalele babomaki mpate, batiaki makila na yango na ekuke mpe na likonzi, mpe nokinoki balikaki mosuni elongo na ndunda bololo mpe na mapa mazanga mfulu kati na ndako mpona kokima bolozi.

Mpate elakisi Yesu Christu, mpe makila ezali makila na motuya nan a Nkolo. Boye, kolobaka ete "Kristu elekeli na biso' elakisi ete Yesu Christu Akomaka mbeka na kopetola mpoka kobikisa biso.

Yesu Christu Amikabaka mbeka na ekulusu mpona kosikola biso na masumu, mpe tokoki te kobikisama soki ekokoba biso kobika kati na masumu. Yango ntina basengelaki na kobengana moto oyo asalaki likambo oyo na ekobo kati na lingomba.

Tika ete tolia elambo na mfulu na kala te, yango mfulu na nko mpe na kilikili, kasi na mapa mazangi mfulu, yango na sembo mpe na solo. (5:8)

'Elambo' awa elakisi Elekeli. Mpe na lelo, tozali kolanda limbola na molimo na kobatelaka Elekeli kati na kosepelaka na Pasika. Ezali mokolo na kosepelaka likambo eye Yesu Atangisaka makila ma Ye na ekulusu mpe bongo Abukaka nguya na kufa na nzela na lisekwa na Ye. Yesu Christu Azali Nkolo na Sabata, mpe 'elambo' awa etalisi mpe ba Eyenga nioso, kaai kaka Elambo te (Matai 12:8).

Na tango tozali kobatela ba elambo na lolenge oyo, tosengeli kolongola mfulu na kala mpe motema na ekenze, mpe tobika bomoi na bosantu mpe ebulisama. Boye, tosengeli kongumbamela ma molimo mpe kati na solo (Yoane 4:24).

Mayele mabe ezali lolenge na kosala mosala mabe to mpe na komema pasi na ntina moko te kolandisama na mobeko to mpe na kozanga kosenga bolimbisi. Misala mabe ezali eloko mabe mingi kolandisama na bomoto, kozalaka na masumu mingi. Liboso na biso kosanjola Nzambe, tosengeli naino komitala mpenza malamu kati na biso moko, mpona koyeba soko tosalaki lisumu. Soki bongo, tosengeli yambo kotubela mpona yang onde sima tokozala na motema na esengeli mpona kongumbamela.

Masumu na kilikili mazali masumu oyo makoki te na kondimama. Na tango misusu tomonaka bango oyo basalaki masumu yango. Kasi soko solo bango batubeli mpe balongwe,

Nzambe Akoyokela bango mawa mpe Akobongola bango na bato na bosembo mpe na solo mpenza.

Sima Paulo alobi ete, "Tika été tolia elambo …kasi na mapa mazangi mfulu, yango na sembo mpe na solo. » Yesu alobaki ete, "Ngai Nazali lipa na bomoi." Mpe "Nazali lipa na bomoi oyo ekiti longwa na Likolo" (Yoane 6:48-51).

Alimboli ete tokoki kokende nzela na bomoi na likolo na tango tobonzi epai na Nzambe mbeka na bomoi kati na molimo mpe na solo, na motema petwa mpe na bosolo sima na kolongola mfulu na kala.

Komisangisaka na Bato na Bomoi na Ekobo te

Nakomeli bino na mokanda ete bosangana na baton a pite te. Nakanisaki te été bokima bato na pite na kati na mokili soko bato na bilulelo soko bato na boyibi soko basambeli na bikeko. Pamba te soko bokimi bango boye, ekokoka na bino kolongwa na mokili. (5:9-10)

Paulo akomaka mokanda na lolenge moko mpe atindaki yango mpe na mangomba mingi lokola. Asengaki na bandimi na mangomba misusu ete basangana ten a bango oyo bazali kosala pite kati na lingomba.

Paulo apesaki toli na bandimi kati na 2 Batesaloniki 3:6 ete, "Bandeko tozali kolaka bino na nkombo na Nkolo Yesu Kristu ete bopengwela bandeko nioso baoyobakotambolaka na goigoi mpe bakoboyaka koyamba ezaleli ezui bino epai na biso." "Soko moto nani aboyi liloba na bison a mokanda oyo, bososola moto yango mpe botambolaka na ye esika moko te ete ayoka nsoni. Botanga ye lokola moyini ten de bokebisa ye lokola ndeko."

Makomi nioso makomama kati na mikanda mazali maloba na Nzambe. Nde, Paulo alobi na bango ete basanganaka ten a bango oyo baboyi kotosa maloba yango. Boye, bakotima na nsoni soki te.

Soki bango oyo batiami na nsoni bazali kaka na kondima moke, bakotubela mpe bakomeka lisusu koya lisusu na esika na bandeko kati na kondima, na kososolaka été bandeko basusu bakomi mosika na bango mpona masumu na bngo.

Na kokesana, Soki bazali na kondima na lolenge oyo te, bakolongwa lingomba na kokanisaka été ezali na mangomba ebele. Kasi bango oyo bandimelaka solo Nzambe bakosalaka na lolenge oyo te.

Na boye, kolobaka été, « Bososola moto yango mpe botambola na ye esika moko te été ayoka nsoni, » ezalaki nzela na komema basumuki na koyambola, kasi na koyina bango te. Bobatela yango kati na ba bongo na bino été na tango bandeko kati na lingomba bazalaki mosika na bango, moko na baninga na bango na pembeni asengelaki kopesa toli mpo été balongwa na masumu.

Sasaipi, tika ete toloba mpona ekobo na lolenge nini yango ezalaki.

Yambo ezali ekobo na nzoto.

Soki moto oyo abala asali ekobo na moto mosusu pembeni na mwasi to mobali na ye, to soko bato oyo babala te bazali na kosangana na pite, yango ekozala misala na 'ekobo'.

Mibale, ezali na ekobo na molimo.

Nzambe Apesa biso bomoi. Ezali mpe Nzambe nde Asala main a mobali mpe libumu na mwasi. Abota molimo na biso, mpe Ye Azali Tata na biso oyo Atambwisaka biso na nzela na bomoi na seko mpe Akofanda na biso mpona libela kati na Bokonzi na Likolo.

Na bongo, ezali mosala na bana na Nzambe na kolinga liboso Nzambe. Kasi soki bango bakolinga eloko/ to moto kolaka Nzambe, yango ezali ekobo na molimo.

Ndakisa, soki moto moko akolingaka baboti na ye, mwasi, to bana, to mpe koyebana na mokili, bokonzi, mayebi, misolo, to bisengo na mokili koleka Nzambe, ezali ekobo na molimo. Misato, ezali na ekobo esalemaka kati na motema.

Yesu Alobi kati na Matai 5:27-28 ete, " "Boyoki ete balobaki boye, 'Sala ekobo te'; Nde Ngai Nazali koloba na bino ete 'ye nani akotala mwasi na mposa mabe na ye; asili kosala na ye ekobo na motema."

Kati na kondimana na Kala, ebengamaki lisumu kaka na tango yango esalemaki na nzoto. Kasi kati na tango na Kondimana na Sika, mpo nini emonani lisumu ata soki yango ezali kaka kati na motema?

Kati na kondimana na Kala, basengelaki kolonga lisumu kaka na maksi na bango moko te, mpe bongo, ezalaki lisumu te kaka soki yango esalemaki na nzoto. Kasi kati na Kondimana na Sika, tokoki kokonza motema na bison a lisungi na Molimo Mosantu, nde bongo, kaka mosala na biso te kasi mpe kozala na makanisi na lisumu emonana lisumu.

Mpo ete Molimo Mosantu Azali kofanda kati na biso,

tokoki kozwa makasi longwa na likolo na nzela na mabondeli na biso mpe tokoki kokonza motema na biso mpe kolongola masumu na makasi yango. Mingi mingi, tokoki kokata ngenga na motema na biso. Na lolenge oyo tokoki kozala na mitema mipetolama mpe na petwa.

Kati na Kondimana na Kala, basengelaki kaka kozala na misala bulee, kasi tango na Kondimana na Sika, tosengeli kozala na kobulisama na motema. Nzambe Alobi ete biso tozali naino baton a lisumu na tango motema na biso ezali petwa te, ata soki tokoki kozala na misala na bulee na libanda.

Lolenge nini Tokoki Kozala na makanisi na bilulela?

Soki tondimi nguya na Nzambe mpe tobondeli makasi, Molimo Mosantu Akolongola mposa na bison a kosala ekobo kati na motema, mpe bongo tokoyokaka te lolenge soko nini na koningisama na motema. Elandi ezali bitape mpona kolongola makanisi na kolula.

Etape na liboso, ezali esika wapi, na nzela na mabondeli na molende, totelemisi makanisi na ekobo eye eyaka kati na motema na bison a nzela na makanisi.

Ata mwasi na libala akoki kosala ekobo kati na motema na tango ye amoni mobali moko na bozenga mingi mpenza. Mobali na libala mpe akoki kosala ekobo kati na motema na tango emoni ye mwasi kitoko, elilingi na mwasi bolumbu, to mpe esika wapi bato bazali kosal ekobo.

Ata soki bango basali ekobo ten a misala, nini esengeli na bango kosala na tango makanisi oyo ekoyelaka bango? Basengeli kondimela nguya na Nzambe mpe bakoba na kobondela mpe kati na molende. Suka suka bakokoka kopekisa makanisi yango soki bango bakobi na kobondelaka ete, "Nzambe, pesa ngai makasi mpo ete nazala na makanisi na ekobo te kati na ngai. Pesa ngai makoki na kokonza mpe kopekisa makanisi na ngai."

Ya solo, kobondela ezali nioso te. Basengeli komeka mpona kozala na makanisi oyo na ekobo te. Suka suka tokokoka kokonza makanisi na biso na nzela na ngolu na Nzambe mpe lisungi na Molimo Mosantu na tango totuni makasi na Nzambe na lolenge oyo.

Etape na mibale etali esika biso tokoki solo kokonza motema na biso.

Na etape oyo, ata soki tomoni na miso misala na ekobo, tokozalaka na makanisi moko na ekobo te kaka na ebandeli soki tozwi ekateli mpona kozala na makanisi yango te. Mpo été tozali na makanisi na ekobo te, tokozala na motema na ekobo mpe te. Ekobo kati na motema eyelaka biso na nzela na makanisi elongo na lolenge na kokoya kati na nzoto. Kasi na tango topekisi yango, makanisi na ekobo ekoki te koyela biso.

Etape na misato ezali etape esika tozali lisusu ata na likanisi moko ten a lolenge yango ata tomoni eloko soko nini.

Na esika oyo, tozali na koningisama moko ten a makanisi to mabanzo ata soki likambo yango ezali mpenza na ekobo na lolenge nini. Boye, tokozala na linakisi na ekobo te. Kati na esiika na metro etonda bato to mpe bisi, tokoki kozala na mwa bokutani na basusu na tango tokanaki yango mpe te. Kasi ata na makambo mana, tokozala na likanisi to mpe mabanzo na ekobos soko te. Ezali esika wapi ekobo yango moko ezali na eloko ten a biso.

Etape na minei, ezali esika wapi tokoki te kokanisa mpona makamboo na lolenge oyo ata soki tomeki mpenza.

Na esika oyo, tokoki te kozal na likanisi na ekobo ata tomeki lolenge nini. Tozali tango nioso na kotondisama na Molimo Mosantu mpo ete tozali na likanisi mosusu ten a lolenge wana.

Bozala Mosika na Mokili

Eteni 10 elobi ete, "Nakanisi te ete bokima baton a pite kati na mokili soko baton a bilulela soko baton a boyibi soko basambeli na bikeko. Mpo ete soko bokimi bango boye, ekokoka na bino kolongwa na mokili!" Paulo alobi ete basengeli te kokima na bato nioso na mokili bango oyo bazali baton a ekobo, na pite mpe bakosi, to basambeli na bikeko, kaka mpo ete bango babikaka kati na Liloba na Nzambe te.

Soki esengelaki te kosangana na bato oyo na mokili, esengelaki na bango nde kolongwa na mokili oyo, yango elakisi, ekozala kaka na Lola mpe na Lifelo. Tosengeli kobika mpe kosala na baton a mokili na tango ezali biso kobika kati na mokili oyo, nde tokoka mpe komema bango kati na Christu.

Kasi ezali na ba tango wapi tosengeli te kozala elongo na bango, ata soki ezali biso kobika kati na mokili oyo. Toloba ete bango wana na ekobo, na bilulela, na pite, to basambeli na bikeko bazali baninga na mosala to mpe baninga kaka.

Tokoki kozala na ki moninga na bango mpe tosololaka na bango mpona komema bango na koyeba Nzambe. Kasi soki ekosala ete tobebisama na na misala na bango na ekobo, kokosa, to kosambela bikeko, tosengeli kozala mosika na bango na ba ngonga wana. Lolenge oyo, tokolandaka bango ten a kosalaka makambo na malamu te.

Toloba ete mwana na bino azali na baninga oyo bakomemaka ye na kosala makambo na sembo te. Boye, bokolinga kobatela ye mosika na bango. Na lolenge moko, Nzambe Azali kolobela biso ete tosanganaka ten a baton a lolenge oyo soki ezali na libaku malamu mpona biso kolanda ba lolenge na bango na kosumuka.

Bongo boni soko moko na baninga na bino na mosala to mpe baninga kaka asengi na bino bokende esika na ba ndumba to esika na kowayawaya? Okolanda ye mpo ete ye azali moninga na yo? Solo solo, tosengeli koboya boosenga na lolenge wana. Soki okoki te kobenda ye mosika na masumu, osengeli kozala mosika na ye mpe lokola.

Kasi soki tozali na makoki na kobatela motema na biso mpe makanisi na tango ezali biso kotelema likolo na libanga kati na kondima mpe tokomekama na eloko moko te, nde, tosengeli soko te kozala mosika na bato na lolenge wana.

Kozala na bilulela mpe na moyimi. Misala nioso oyo elekelaka esika moto azali ezali kolula. Ndakisa, moto akei kotala mozalani na ye mpe amoni eloko kitoko oyo ye moko mpe alingi. Ata soki esengeli na ye mpenza kobomba misolo, asombi kaka yango mpona ye moko. Ndakisa mosusu ezali moto oyo akoki kaka te lkotika koliaka ata soki asilaki kotonda.

Kozala moyibi ezali kozwa misolo to mpe biloko na nzela na sembo te to mpe na kobuka lokuta. Yango elakisi mpe kodefa na lokuta, kokamata biloko na makasi, mpe komeka kozwa ebele sima na kopesa kaka moke mpenza.

Kosambelaka bikeko ezali kosala elilingi na mobali, mwasi, nyama, to mpe na biloko na likolo na nzete, libanga, ebende, wolo to palata, mpe kongumbamela yango lokola nzambe.

Dutelonome 4 :23 elobi été, "Bomisenjela été bobosana kondimana na YAWE Nzambe na bino te, oyo esalaki bino, mpe kosala ekeko na lolenge na eloko YAWE Nzambe na bino Aboyi na bino te." Ekeko oyo ezanga bomoi ezali eloko te mpe ezali na nguya moko te to mpe nini.Ekosuka na komisala pasi mpona kongumbamela nzambe mosusu to mpe eloko mosusu esika na Nzambe na solo.

Nde nakomeli bino ete bosangana na moto moko te oyo abiangami ndeko mpenza soko ye azali moto na pite, soko na bilulela, soko mosambeli na bikeko, soko motuki, soko molangwi na masanga, soko moyibi, bolia esika moko na moto na ndenge yango te. (5:11)

'Ndeko' elakisi 'ndeko kati na kondima. Soki Mokristu azali moto na ekobo, bilulela, mosambeli na bikeko, to mpe mokosi, to molangwi masanga, Nzambe Alobi na biso ete, ete tolia ata na moto na lolenge oyo te.

Bilulela ezali kozala na mposa ezanga molongo mpona misolo to mpe biloko to mpe na oyo na moto mosusu. Etali mpe moto oyo azali na mposa makasi mingi mpona bilei to mpe biloko na bato. Kotukaka ezali kosalela monoko mabe mingi oyo moto akoki ata kobanda na koloba te.

Awa, "bolia esika moko na moto na ndenge yango te" elakisi te ete tosengeli ata kolia to mpe kosangana na moto na lolenge wana kat na lingomba te, elakisi ete bolingo ezali te kati na lingomba. Eteni oyo elingi koloba ete tosengeli te kolanda misala na bango na masumu.

Nalobelaki mpona kozala na biso na baye bandimela te, mpe ezali lolenge moko na bandeko kati na kondima. Soki tozali na kondima elemba tosengeli kokima bato oyo na masumu. Mpo été tokoki kobebisama na bango mpe kati na bolembu tokoki kosumuka elongo na bango. Kasi soki totelemi likolo na libanga kati na kondima, tosengeli te kokima bango. Tokoki kopesa bango toli kati na bolingo mpona bango mpo été baya kat na kotubela, to kotambwisa bango mpo été babika kati na solo na kolonaka kondima kati na bango.

Mpo ngai Nakosambisa baton a libanda na nzela nini? Bino bokosambisaka baton a kati. Nzambe Akosambisa ba oyo na libanda. Bengana moto yango mabe na kati na bino. (5:12-13)

Kosambisa ezali kososola likambo oyo emonani kozala sembo to mabe kolandisama na solo. Ekesena kati na limbola na yango na tango Biblia epekisi bison a kosambisaka. Yango elakisi ete tosengeli te kosambisaka mpona makambo oyo etalisami malamu te. Kaka Nzambe nde Ayebi motema na moto, mpe kosambisa oyo ekozala efelo na lisumu kati na biso mpe Nzambe.

Kasi tokoki kososola soko baton a mokili, bango bazanga kondimela bazali malamu to mpe mabe kolandisama na solo. Soki ezali na bilulela, ekobo, moto na bikeko, motuki, molangwi masanga, to moyibi, tokososola ete bazali kotelemela solo. Kasi tosengeli soko te kosambisa bango mpo ete Nzambe Akosambisaka bango kolandisama na mokano na Ye.

Na tango bandimela te bazali balangwi masanga, tosengeli te kolobela bango ete, "Mpo nini Omeli mpenza mingi" Tika komelaka mpe bika kati na solo!" Nzambe Akosambisa bango mpe tosengeli soko te.

Kasi toloba ete ndeko kati na kondima akei epai na mbikudi. Boye tosengeli kososola ete ye akomi mosambeli na bikeko mpo ete azali na kondima te. Akokaki kosambela epai na Nzambe mpe kozwaka eyano kouta epai na Ye, kasi akobi na kotuna yango na milimo mabe. Boye, tokoki te koloba ete ye azali na kondima. Tokoki kososola likambo na lolenge oyo kolandisama na kondima.

Longolaa Moto Yango Mabe

Boye, eteni 13 elobi ete, "Bengana moto mabe yango na kati na bino." Na eteni 11, elobi na biso ete tosangana to kolia te elongo na bango, kasi awa elobi na biso ete to bengana bango.

Nini ekozala lifuti na likambo soki soki biso tomitiki na mokano na bandeko kati na kondima oyo bazali baton a ekobo, na bilulela, basanbeli na bikeko, balangwi masanga, mpe miyibi? Lingomba ekoki te kopesa bango pete doko mpe te ebonga mpe solosolo bandeko kati na lingomba bakokaki koyoka malamu te mpona kosangana na bango. Na boye, bongo bango bakotikama libanda ata kati na lingomba.

Na likambo oyo, ezali mpenza libaku malamu soki bango batubeli mpe balongwe. Kasi soki bakoyimaka mpe basali masumu ebele na koleka, motema na bango mpe ekotiama ebende na moto mpe lokola. Sukasuka, solo moko te ekokota kati na bango, mpe lolenge elimbolamaki na eteni 1, bakoki kosala masumu makoki kondimama te lokola kosangana na nzoto na basin a ba tata na bango.

Bango oyo basilaki kokoma na esika na masumu na oyo bango bakoki na kolongwa te bazalaka mpenza na motema libanga mpe bango bakoki na kotubela te. Yango tina Biblia elobi na biso ete tobimisa bango na lingomba. Soko te, bakokoma mfulu mabe mpe bakobebisa bandimi.

Matai 18:15-18 elobi ete, "Soko ndeko nay o akosalela yo mabe, kenda kolobela ye mpona libunga na ye, bino na ye esika moko. Soko akoyoka yo, okolonga ndeko nay o. Soko akoyoka yo te, kamata moko to mibale nay o elongo ete likambo lindimana na monoko na batatoli mibale to misato. Soko akoyoka bango te, loba na lingomba. Soko akoyoka lingomba te, azala nay o lokola mopagano mpe mokongoli na mpako. Nazali koloba na bino solo ete, eloko nini ezali bino kokanga yango awa na mokili, ekokangama na likolo, mpe eloko nini ezali bino kofungola yango na mokili ekofungolama na Likolo."

Eteni oyo elobeli biso ete, na tango ndeko asumuki, tosengeli te kopanza yango epai na bato misusu, kasi tosengeli naino kokende epai na ye moko mpe topesa na ye toli mpona kobika kati na Liloba na Nzambe. Kasi malamu soki ndeko ayoki mpe atubeli, elakisi ete tozwi ndeko mpo ete ye akozwa lobiko.

Soki ye ayoki toli yango te, nde, tosengeli kozwa bato babale to misato bango oyo baleki likolo kati molongo na molimo mpona kopesa na ye toli. Tosengeli komema ye na kososola ete ezali lisumu mpe asengeli kozongela nzela na Nzambe, mpe banzegeleke babale to misato basengeleki kozala. Soki akobi na boboya na koyoka, lingomba esengeli koyeba likambo yango.

Soki akobi na koboya koyoka na ata pateur na lingomba na ye to mpe moto oyo azali na ebonga moko, nde, tosengeli kotala ye lokola 'Mopagano' to mpe 'Mokongoli na mpako'. Na likambo oyo Mopagano azali ye oyo andimela Nzambe te, mpe mokongoli na mpako bamonanaki lokola basumuki. Boye oyo ezali na limbola ete tosengeli komona ye lokola moto na mokili andimela te to mpe mosumuki.

Eteni 18 elobi ete, "Eloko nini ezali bino kokanga yango awa na mokili, ekokangama na Likolo, mpe eloko nini ezali bino kofungola yango na mokili ekofungolama na Likolo." Na tango mokambi na lingomba apesi na ye toli, soki ye andimi yango mpenza, nde Nzambe Akondima ye mpe. Soko bongo te, ye akopesama na maboko na Satana. Na boye, moto azali komonisa lingomba asengeli kozala na bolingo mpona kofungola ye motema mpe na kobondela mpona ye kino suka.

Kasi eteni oyo ekoki te kosalelama mpona bandimeli sika bango oyo bawuti kaka koyamba Nkolo. Bango oyo babandi koyangana na lingomba basosoli mpenza Liloba na Nzambe te. Bango bayebi ata lisumu nde nini te. Ata soki bayebi, bazangi makasi mpe nguya na kosalela Liloba.

Boye tosengeli te kokanisa ete tosengeli na kokima bango mpo ete bazali naino na kosumuka, kasi tosengeli na kolona kondima kati na bango mpe totika bango bakota lisusu na mozindo koleka na solo.

Kasi na tango bango oyo bazali na kondima mpe ata bibonga kati na lingomba basali masumu minene, tosengeli te kosangana na bango.

Chapitre 6

KOFUNDANA KATI NA BANDIMI

Makambo kati na Bandimi na Lingomba

Basantu Bakosambisa Mokili

Mpona Nsoni na Bango

Masumu makomemaka na Kufa

Nini Tosengeli Kobika mpona Yango?

Limbola na Molimo na Mwasi na Pite

Makambo Kati na Bandimi na Lingomba

Soko moko na bino azali na likambo epai na mosusu, akozala nde na lolendo kosambisa liboso na baton a masumu kasi liboso na babulami te? (6:1)

Kati na Chapitre 6, Paulo akomi mpona mokano na Nzambe mpona kosambisana kati na bandeko kati na kondima mpe alimboli ba nzela na kosilisa makambo makobimaka kati na lingomba. Tokoki kokoma 'moto oyo azanga sembo' lokola oyo etalisami na Paulo mpe tozanga lobiko. Soki tososoli malamu te mokano na Nzambe mpona oyo etali kosamba. Basusu bakanisaka été makambo na lolenge oyo ekoki kokomela bango kati na lingomba te mpo été bango bazali Bakristu na sembo. Kasi, tosengeli kokoka kopesa biyano isengela kolandisama na solo na tango bandimi na sika to mpe bandeko misusu kati na kondima baluki toli na nzela na biso mpona kosamba.

Kati na eteni 1 na chapitre 6 tokoki komona été ezalaki na

kosamba kati na bandeko na lingomba na Kolinti. Ndeko moko azalaki kofunda mosusu kati na kondima mpona likambo na likambo, epai na bapagano.

Kombo na Bapagano elakisi bango oyo na mokili bango oyo bayebi solo te mpe babikaka kati na Liloba na Nzambe te mpe babiki na yango te mpo ete bazali 'sembo te'.

Boye, soki tokei epai na moto na lolenge oyo kati na lingomba na likambo, ezali lolenge moko na kokende epai na mopagano oyo andimela te mpona kosilisa likambo. Ezali eloko na sembo te mpona kosala. Ezali malamu te mpona biso kofunda ndeko kati na kondima na basambisi na mokili, mpe lokola.

Esalelo na mibeko na mokili ekoki te kosalema kati na lolenge na Mobeko na Nzambe oyo ekomama kati na Biblia. Nzambe Alobeli biso ete tolinga bayini na biso moko, bamona basusu malamu koleka biso moko, mpe kososola mpe kolimbisa basusu. Elobi na biso mpe ete 'tokotombwamaka na tango tosaleli basusu' mpe tokolonga na tango ezali biso kobungisa.'

Kaka Liloba na Nzambe ezali solo oyo embongwanaka te, mpe tokoki kobika bomoi na esengo kaka na tango tolandi yango. Kasi ebele na bato baboyaka kobika kati na Liloba na Nzambe mpe bakolandaka bolamu na bango moko.

Lisusu mobeko na mokili mpe mobeko na Nzambe izali eloko moko te. Na boye, lolenge nini bolema ekozala mpona bandimi bamitika kati na mobeko na mokili mpe bamitika kaka na Liloba na Nzambe?

Yango tina ntoma Paulo apamelaka bandimi na lingomba

na Bakolinti mpo ete bango bamekaki te kosilisa makambo kati lingomba kati na bandeko kati na kondima kasi bango bakendeki epai na bango na sembo te, ba oyo bayebaki solo te.

Basantu Bakosambisa Mokili

Boyebi te ete babulami bakosambisa mokili? Soko mokili ekosambisama na bino, bolongi kosambisa makambo oyo mike mike te? (6:2)

Elobi babulami bakosambisa mokili. Banani bazali babulami? Na tango moto akomisi kombo kati na lingomba, tolobaka ete azali mondimi kati na lingomba. Kati na bango, ba oyo bazali kobatela Liloba na Nzambe kati na mitema na bango, bakomisi yango bilei na molimo mpe basaleli yango kati na ba bomoi na bango babiangami basantu.

Mpona nini bato yango babengami babulami'? Yango ezali kolobela te bango oyo babikaki bomoi na kobulisama monene? Yoane 14:6 elobi ete," "Yesu Alobi na ye ete, 'Ngai Nazali nzela, solo, mpe bomoi; moko te ayaka epai na Tata soko na Ngai te.' 'Kaka Liloba na Nzambe nde solo, yango ezali seko mpe yango embongwanaka te. Na bongo, Liloba na Nzambe ekoki kososolama solo na bango oyo bandimeli bilaka na Nzambe kati na Biblia mpe balandi Liloba na Ye.

Soki Nzambe Azali na bomoi te, Biblia ezali mpe na kokufa, mpe ekoki te kozala solo. Kasi Nzambe Azali na bomoi. Azalaka liboso na ba seko mpe Akozalaka sima na ba seko nioso. Ambongwanaka te mpe Liloba na Ye Ezali mpenza solo na solo. Lisusu, Azali Mwana se moko na likinda oyo Ayaka kati na mokili oyo. Azali mpe Liloba na solo mpenza.

Liloba na Nzambe, oyo ezali solo, ezali bulee, nde boye tobengaka bango balandaka yango 'babulami.' Na loboko mosusu, bango oyo bayaka kaka kati na lingomba babengami'bakendi na lingomba.'

Ya solo,, tokoki mpe kobenga bango ;bandimi na sika' to 'bayei sika.' Ntina oyo toyaka kati na lingomba mpe tokomisaka kombo lokola bandimi na lingomba ezali mpona kokoma bana na Nzambe mpe tozwa lobiko. Tosalaka yango mona koyoka Liloba na Nzambe mpe lkolanda nzela bulee. Boye, ezali mpenza malamu mingi mpona kobenga bandimi na sika 'basantu.'

Ezali na bato misusu batelemaka na linbanga na kondima. Ezali mpe na basusu bazali komeka makasi mpona kobika kati na Liloba na Nzambe kasi naino ezali bango kotelema na libanga na kondima te.

Paulo alobaki ete, "Bino boyebi te ete babulami bakosambisaka mokili? Awa babulami elakisi bana na Nzambe oyo bazwami na libanga na kondima. Babulami wana bazali na makoki na kosambisa mokili. Lolenge elimbolami likolo, na tango ezali na makambo kati na mokili, bakoki kososola soki eloko moko ezali malamu to mabe, to mpe soki ezali solo to mpe solo te kolandisama na solo.

Yango tina Paulo azali kotuna lolenge nini bango bakoki te kolandela makambo kati na bandeko kati na kondima, na tango babulami bakoki kosambisa makambo na mokili. Bango oyo bazali kotelema likolo na libanga na kondima bazali na makoki na kosilisa makambo eye ekotelemaka kati na bandeko kati na kondima, mpe bongo bazali na ntina na kokende kati na mokili te mpona kosamba.

Boyebi te ete tokosambisa banje? Na koleka makambo na bomoi oyo? (6:3)

Eteni 3 ezali kobakisa mpona eteni 2. Tososoli mpona banje na nzela na Biblia. Kosambisa banje elakisi te été tokopesa bango mpenza yango na makanisi mabe kasi kososola makambo kolandisama na solo.

Ndakisa, kati na Biblia na 2 Petelo 2:4, tososoli été Nzambe Atikala kobomba banje te na tango bango basumukaki, kasi Akangelaka bango kati na Lifelo mpe Atiaka bango kati na 'libulu na molili,' eye ezali mpona kosambisama.

Lisusu, Yuda 1:6 elobi ete, "Na banje lokola baoyo babatelaki motindo na bango na liboso te, kasi batikaki ezaleli na bango mpenza, Asili kobatela bango na nkanga na sekokati na molili kino kosambisama yango na Mokolo yango monene."

Biblia ekomi mpona banje bakitisaka mbula, baningisaka mapaya, banje na nguya, mpe banje na nguya lokola 2 Petelo 2:11 yango elimboli banke oyo baleki na nguya mpe na makasi'.

Luka 1:19 elobeli mpona Gabaliele, kolobaka ete, "Mwanje azongisi monoko mpe alobi ete [Zakari], Ngai Gabaliele, oyo akotelemaka liboso na Nzambe, mpe natindamaki koloba na yo mpe kotondola yo makambo oyo.'" Ezalaki esika Gabriele amonanaki mpona kopesa sango na mbotama na Yoane Mobatisi.

Lisusu Daniele 10:13 elobi ete, "Mokonzi na bokonzi na Palasa atelemelaki ngai mikolo ntuku mibale na moko; ndé Mikaele, moko na mikonzi oyo aleki na lokumu, akomaki kosunga ngai, bongo natikaki ye wana esika moko na mokonzi na bokonzi na Palasa." Tozali na makomi koloba mpona Mikaele mwanje mokolo. Tokoki kososola mpona banje kati na mokili na molimo na nzela na Biblia, ata soki bango bamonani na miso na biso te.

Boye, na kolobaka ete, "Boyebi te ete biso tokosambisa banje? Boni mpona makambo na bomoi oyo?" Paulo abetisaki sete tokoki kosambisa makambo na mokili oyo pamba te tokoki kosambisa bikelamo na molimo lokola banje.

Soko bozali na makambo na bomoi oyo, mpo na nini bokoyeisa yango liboso na bango bazali na ntina kati na lingomba te?(6:4)

Ekoki kozala na makambo kati na bandimi mpona makambo matali mokili oyo. Boye, eloko na motindo oyo esalemi kati na lingomba nini esengeli na biso kosala soki bato mibale bazali na kowelana to likambo mpe bakoki te kosilisa yango kati na lingomba?

Babulami bango oyo batelemi na libanga na kondima bakoki

kososola kati na oyo ezali malamu mpe mabe na Liloba na Nzambe, nde bongo, tosengeli kotika bango basilisa likambo. Kasi bango basalaki bongo te kati na lingomba na Bakolinti. Yango tina ntoma Paulo atalisaki ete bazalaki koyeisa yango liboso na bango bazali na ntina te kati na lingomba.

Soki kowelana ebandisami kati na bandeko kati na kondima likolo na makambo na mokili mpe babandi kofundana, misala na bango ezali oyo na bango bato na sembo te oyo babikaka kati na solo te.

Na tango eloko esalemeli moto oyo azali na lisanga na lolenge wana, solo ye akokende epai na baninga na ye bazanga bosembo mpona kotuna na bango nini esengeli na ye kosala. Sik'awa, na tango bazanga sembo bapesi na ye toli, yango ekozala malamu? Bongo yango ekozala nzela malamu mpona kosilisa likambo? Mingi mingi yango ekozala te! Bango oyo bazali sembo te bakoki te kopesa eyano kati na solo mpo ete bango moko bazali te kobika kati na solo. Yango tina Paulo etunaki ete, "...mpona nini bokoyeisa likambo epai na bango bazali na ntina te kati na lingomba," kotalisa ete ezalaki likambo malamu te mpona kosala.

Mpona Nsoni na Bango

Nazali koloba boye ete nayokisa bino nsoni. Solo moto na mayele azali kati na bino te, oyo akoki kokata kati na bandeko na ye? Ndeko akofunda ndeko mpe bongo liboso na bato bazangi kondima! (6:5-6)

Ntoma Paulo alobi kati na 1 Bakolinti 4:14 ete, "Nakomi makambo oyo mpona koyokisa bino nsoni te, kasi mpona kopamela bino lokola bana balingami na ngai." Kasi awa, alobi ete, "Nalobi oyo mpona nsoni na bino." Ezali mpo été likambo sasaipi ekeseni mpenza na yango na chapitre 4 na 1 Bakolinti.

Kati na 1 Bakolinti chapitre 4, tomoni été na tango ban toma batiolamaki, bango bandimaki yango lokola lipamboli ; Na tango banyonkolaki bango, bakobaki na molende ; na tango batukaki bango, bamekaki koluka kimia. Yango ezali nzela malamu, mpe nandimi kati na lingomba na Kolinti basengelaki kosala lolenge moko. Kasi basalaki yango te.

Paulo alingaki te na komimatisa to mpe koyokisa bandimi Bakolinti kati na nsoni. Alingaki kaka kolakisa bango na motema na baboti ete misala na bantoma mizalaki malamu.

Kasi na eteni 5, Paulo alobi ete, "Nazali koloba boye mpona nsoni na bino." Atalisaki yango malamu été alingaki ko ;oba eloko moko te na malamu na bana balingami baye. Alobi été .asengelaki koloba yango mpona nsoni na bango mpona kotalisa ba mbeba na bango. Ata soki bakokaki koyoka lolenge moko, Paulo koloba bongo ezalaki mpona bango koyoka nsoni

Lolenge nini Kosilisa Makambo kati na Nkolo

Sik'awa nini esengeli na biso kosala na tango tozali na likambo na mokili na ndeko mosusu kati n kondima? Tosengeli kolanda molongo kati na lingomba mpona kosalela yango. Soki ozali kaka mondimi na mpamba esengeli nay o naino komona mokambi na cellule nay o. Soki ye akoki te kosilisa likambo, osengeli komata kolandisama na molongo kati na lingomba.

Suka suka okoki komata epai na Pasteur na lingomba. Soki limabo naino ezwi lisungi te, osengeli kokendena comite na lingomba, to mpe bokutani to mpe lisanga oyo ekoki kotalisa lingomba mobimba mpona kososola nini ezali mabe to malamu.

Mingi mingi makambo matalaka misolo. Nazala kopesaka toli na bandimi na lingomba été babongolaka misolo te to mpe soko nini kati na lingomba. Mingi na kozanga kososolama mpe makambo makomaka likolo na misolo.

Soki bosengeli kodefa mua misolo likolo na ba urgence, bosengeli te kodefa epai na ndeko moko kati na kondima kasi epai na moto libanda na lingomba. Ezali kozanga kotosa Liloba na Nzambe kozala na kobongolama na misolo kati na bandeko kati na kondima, nde Satana akomema kowelana mpe makambo.

Namona ebele na bandeko na lingomba kozala na ba kokoso mingi likolo na kodefisaka mpe na kokwaka misolo kati na bandeko na lingomba.

Bato misusu bakokaka kaka koboya ten a tango moto mosusu asengi bango na kodefisa mua misolo. Boye, bakodefa epai na moto na misato to mpe bakotelema mpo ete moto adefa misolo epai na moto mosusu. Kasi mingi na bato bafutaka yango ten a tango oyo elaka epesamelamaka. Baloma 13:8 elobi ete, "Bozala na nyongo epai na moto moko te, bobele nyongo na kolingana." Lolenge elobami, tosengeli soko te kotia mikumba likolo na ndeko kati na kondima mpona misolo.

Awa ezali na bino na makambo na kofundana kati na bino, bozongi nsima. Mpona nini bokondima te ete bato basalela bino mabe? Mpona nini bokondima te ete bato bazimbisa bino? Kasi bino mpenza bokosalelaka bamosusu mabe mpe boknzimbisaka bandeko na bino mpenza (6:7-8)

Soki ndeko kati na kondima afundi ndeko mosusu kati na kondima, elakisi ete moto oyo azali moto azanga sembo ye oyo abikaka te kati na solo, mwana na Nzambe te. Etalisi ete azali mondimi na lokuta, ata soki emonani lokola azali na kondima na komipesa, kosalaka mpenza na bosembo kati na lingomba.

Boye, nini esengeli na bino kosala soki ndeko mosusu kati na kondima afundi to? Soki ozali na kondima na solo, bokolinga kobungisa eye ememami na yango, esika na kobundaka na moto yango mpona kotalisa mbeba ezali na nani. Yango ntina ntoma Paulo apesi toli na kati na eteni 7 kozimbisama to mpe na kondima kobungisa esika na koswana mpe kokoma moto mabe.

Kasi bandimi wana na sika bango oyo bayebi solo te malamu te bamonaka ete ezali malamu kotalisa nani asali likambo ten a kozongisa kolandisama na basambisi.

Ata soki tobungisi to mpe tozimbisami, ezali solo kobungisa te. Satana akokweya solo mpe bosembo ekolonga kaka soki tobiki kati na solo. Nzambe Azalaka kati na bosembo mpe Alukak lukaka mitema na bato. Boye, ekoki komonana lokola ozali kobungisa mpona ngonga moko, kasi Nzambe Akosala solo mpona bolamu na makambo nioso na ngonga oyo esengeli.

Lolenge oyo, esengeli te kozala na kofundana soki moko kati na bandeko na kondima, kasi bandeko na lingomba na Bakolinti basalaki na kozanga sembo, kotalisaka mabe izalaki kati na bango mpenza. Bato bazanga sembo bazalaki kati na lingomba na kotalisaka lokola bazalaki bana na Nzambe mpe kobika kati na solo.

Kasi na sima emonanaki ete bango bazalaki bana na Nzambe te mpe babikaki kati na solo te. Mpo ete, bazalaki kokosama. Bozango bosembo na lolenge oyo esengeli te kosalema kati na lingomba. Ata kati na bazangi kondima, soki bafundi ndeko na libota na bango moko, bato bakoloba été ezali mabe. Nde lolenge nini ekoki kondimama na tango ezali na kofundama kati na bandeko kati na kondima bandimela Nzambe ? Soki likambo na lolenge oyo esalemi, ezali solo été moto yango azali sembo te.

Yakobo 1 :22 elobi été, "Bozala nde batosi na Liloba, bobele bayoki mpamba te, komozimbisa bino mpenza." Lolenge elobama, soki bokoyokaka kaka kasi bozali kosalela Liloba te, bozali bakosi mpe bato na komizimbisaka bino mpenza. Soki bandimi kati na Kolinti bandimelaki solo Nzambe, balingaki na kofundana te.

Eteni 8 elobi été, « Kasi bino mpenza bakosalaka bamosusu mabe, mpe bokozimbisaka bandeko na bino mpenza." Yango elingo kolakisa été ezali likambo na kozanga sembo mpona kofunda ndeko mosusu, mpe bango balobi été bandimela Nzambe ata sima na kofunda bandeko na bango. Na bongo bazalaki na komikosaka.

Nzambe Alobi na biso été tolinga bayini na biso. Apesa na biso lobiko na kopesaka Mwana na Ye se moko na likinda

Yesu na ekulusu. Biso ba oyo tozwi ngolu oyo mpona pamba tosengeli soko te kofundaka ndeko mosusu kati na kondima.

Masumu Makomemaka na Kufa

Boyebi te ete baton a masumu bakosangola libula na bokonzi na Nzambe te? Bomizimbisa te, moto na pite mpe basambeli na bikeko mpe bato na ekobo mpe bakembi na nsoni mpe mibali bamibebisi na mibali mpe bayibi mpe bato na bilulela mpe balangwi masanga mpe batuki mpe babotoli bakosangola Bokonzi na Nzambe te. (6:9-10)

Ata kati na bandimi, bango oyo bazali baton a sembo te bakosangola bokonzi na Nzambe te. Elakisi été bango bakobika te. Liloba na Nzambe epesameli bandimi. Bapagano bazali na likambo moko te elongo na Liloba na Nzambe.

Boye, bayengebene awa elobeli ba oyo bakolobaka ete bandimela, kasi babiikaa te kolandisama na Liloba na Nzambe. Bango bakobikisama te.

Yesu Alobaka kati na Matai 7:21 ete, "Moto nios te akolobaka na Ngai Nkolo Nkolo nde akoingela Bokonzi na Tata na Ngai, kasi ye oyo akosalaka mokano na Tata na Ngai na Likolo nde Akoingela." Lisusu, ata soki tokoki kosala lokola basakoli, totalisa misala na nguya, mpe tobimisa milimo mabe, Nkolo Akoloba ete Ayebi biso te soki tokobikaka kati na bozangi sembo.

Tokoki ten a kobikisama kaka na kolobaka ete tondimela Nkolo, kobatelaka Mokolo na Nkolo, kopesaka moko na zomi mpe kosungaka baton a bosenga, kasi na kobikaka kolandisama Liloba na Nzambe. Ata soki tosali makambo mingi mpona Nzambe, Yesu Akoloba ete, "Natikala koyeba bino te," soki tokosalaka sembo te (Matai 7:23).

Tokoki na kozimbisama soki tokososolaka yango oyo mpenza malamu te. Ezali te kaka nde Bapagano nde bakozimbisaka biso. Tokoki kozimbisama na bango ooyo balobi ete bandimela, kasi bazali kosala kati na bosembo ten a koboyaka kobika kati na Liloba na nzambe.

Bandimi misusu balobaka ete tosengeli te kozala na bizaleli maleki makasi mingi kati na kondima. Basengaka na biso ete toyanganaka na mayangani na tongo nde sima kokende koloba mbisi, komata na ba ngomba to mpe kokende picnic na sima na zanga. Bakolobaka ete ba mpaka misusu kati na lingomba bamelaka masanga, mpe ezali malamu komela mua ba kopo. Kasi Nzambe Asengi na biso ete tokosama na misala na lolenge oyo te.

Bongi nini ezali kozanga sembo ? Eteni 8 elobi ete ezali kozanga sembo kofunda ndeko kati na kondima. Lisusu, bozangi sembo ezali nioso oyo ekotelemelaka solo mpe mosala nioso oyo ekokani na Liloba na Nzambe te.

Eteni 9 mpe 10 etalisi makambo mazali sembo te.

Pite ezali mosala na kosangisa nzoto oyo ezali mbindo mpe bosoto. Kosambela bikeko ezali kaka kongumbamela bilili na wolo, palata, mabanga, to bibende te, kasi mpe kolinga eloko to mpe moto koleka Nzambe. Ekobo ezali kosangana na nzoto kati na mwobali mpe mwasi oyo endimami na sembo liboso na Nzambe te mpona bato basanganaka.

Komibebisaka mibali na mibali emonani epai na moto oyo bizaleli na bango, komonana to mpe elobeli ekomonanaka lokola na basi. Bango bamonanaka mingi libanda na lingomba, kasi ezali mpe na misusu kati na mangomba mpe lokola. Ndakisa, babali misusu balingaka kofanda na basi mpe kosalaka lokola bango na lolenge esengela te.

Bato na lolenge oyo balimbisamaka epai na Nzambe te mpe bato yango bakoki kozwa lobiko te. Na tango bango oyo bazala na bizaleli oyo mpona tango liboso na bango koya na kondimela, basengeli sasaipi kotubela mpe kolongwa mpo ete bakoka na kolimbisama. Kasi soki naino batikali na kolongwa te mpe bakobi na kosalaka makambo na lolenge moko, elakisi ete bakoki te kozwa lobiko.

Miyibi ezali na ba limbola ebele, kasi yango ekoki na kolimbolama na koyiba biloko na moto mosusu na motema mpe na misala. Yudasi Mokaliota azalaka moyibi mpe lokola. Azalaki koyiba misolo kolobaka ete azalaka kosunga babola.

Elandi, tozali na balulela mpe balangwi masanga. Nzambe Asepelaka te na kolangwa masanga. Masanga makoki te kopesa na biso litomba. Ezali mpona komisepelisaka nde bato basalaka bimeli na masanga. Elingi te koloba kozala na komela malamu. Soki tozali kobika kati na Yesu Christu mpe kati na solo, tosengeli solo kotika komelaka masanga.

Biblia elobeli biso été tolangwaka masanga te (Baefese 5 :18). Na tango masanga makoti kati na banzoto na biso, tobungisi komikanga kati na ba nzoto na biso mpemakanisi, mpe tokosala makambo mazali kotelemelaka solo. Basusu bakolobaka été ezali malamu mpona komela moke mpo été Biblia elobi na biso kaka été tolangwaka te.

Kasi soki bomeli kaka kopo moko, bolangwe mpe na kopo moko. Masanga ekokende na biteni nioso na ba nzoto na bino. Soki bomeli moke, bokolangwa moke, nde soki bomeli ebele, bokolangwa ebele. Nde bongo esengeli na biso kolobaka te été mua kopo ezali malamu.

Batuki mpe babotoli elimbolami mpona bango na chapitre 5 eteni 11. Batuki balobaka maloba mabe mpe babotoli bakozwaka misoloo na bato misusu to mpe biloko na kokosaka. Bato na lolenge wana bakosangola bokonzi na Nzambe te, yango elingi koloba été bakokende na Bokonzi na Lola te.

Boye, soki bokobi na kosalaka makambo oyo na nsoni, bosengeli kotubela nokinoki masumu na bino mpe kolongwa. Nzambe Azali sembo mpe malamu mpona kolimbisa masumu na biso mpe kopetola biso na kozanga sembo nioso (1 Yoane 1 :19). Kasi soki tokobi na kosumukaka ata sima na kotubela masumu na biso mpe tokoki te kobika na lolenge oyo.

Bamosusu na bino bazalaki bongo. Kasi bisili kosukwama, bosili kobulisama, bosili kozua boyengebene na nkombo na Nkolo Yesu Kristu mpe na Molimona Nzambe na biso. (6:11)

Mingi kati na biso tozalaka bato oyo bazangi sembo, kasi sasaipi tozwi Molimo Mosantu kati na Yesu Christu. Molimo Mosantu Asosolisaka biso nini lisumu ezali mpe Apesaka biso kondima.

Na tango tokotubelaka mpe tolongwe, makila na Nkolo epetolaka biso. Ata soki tosumukaki na liboso, soki totubeli mpe tolongwe, Nzambe Apetolaka bison a nzela na makila na Nkolo Yesu oyo abakamaka na ekulusu. Lolenge oyo, tokokoma na lobiko.

Kasi soki tokolobaka kaka ete tondimeli Nzambe na tango ezali biso kosalaka misala na kozanga sembo, Nzambe Akondima yango lokola kondima te, nde tokoki te kobikisama.

Nzambe Andimaka yango lokola kondima na tango tozali komeka kobika kati na Liloba na Nzambe mpe kobundaka na masumu mpona kolongola yango. Nzambe Akoloba ete tozali sembo na tango tokomi babilisami na koleka mpe lisusu na nzela oyo mpe na makasi na kobundaka na masumu.

Biloko nioso ibongi na ngai, nde biloko nioso izali na lisungi te. Biloko nioso ibongi na ngai, nde ngai nakondima kozala moumbo na eloko moko te. (6:12)

"Biloko nioso ibongi na ngai" elakisi ete tozali na bonsomi na kopona kobika kati na solo to mpe kati na kozanga sembo. Nioso etalaka kaka kopona na biso. Kasi kopona na biso nioso ezalaka na litomba te. Kak kobika kati na Yesu Christu nde litomba.

Mpona kosangola Bokonzi na Lola, tosengeli kobika kati na solo nioso na kokonzama na eloko moko te. Tosengeli mpenz akolanda mokano na Nzambe. Soki tozali na kondima na lolenge oyo, tokoningisamaka tea ta na tango baboti na biso to mpe bakonzi na mosala bameki kopekisa bison a kobikaka kati na solo.

Mbala moko, mondimi ayaki epai na ngai mpe asengi ete nabondela mpona ye. Kasi nanazi ete abikisamaka na malali na ye kati na lingomba na biso mpe atatolaka.

"Pateur, nasengi obondela mpona ngai. Nakoki te koningana soko kosalela maboko na ngai likolo na bokangami na nzoto."

"Ndeko mwasi yo obatelaki te mokolo na Eyenga bulee, boye te ? wuta mokolo ozwa ngolu na Nzambe, osengelaki ! Mpo nini osalaki yango te ?"

"Nakendaki mosala na Eyenga mpo été azalaki kobanga mobali na ngai."

Ayokaki sango na mosala na nguya na Nzambe mpe ayaka kati na lingomba na biso, mpe abikisamaki na bokono na ye. Kasi sima na tango akitisamaki na mokili mpona bobangi na konyokolama na mobali na ye.

Yesu Alobi kati na Matai 10:28 ete, "Bobanga bango te baoyo bayebi koboma nzoto nde bayebi koboma molimo te. Bobanga nde oyo azali na nguya na kobebisa na molimo mpe na nzoto kati na Geena." Soki solo tozali na kondima, tokotikala na kobebisa Mokolo na Nkolo te, oyo esengama epai na Nzambe, ata soki bakoki konyokola biso to mpe kobeta biso.

Nzambe Asalaka ete nioso etambola malamu mpona biso na tango tondimi été Nzambe Azali na biso elongo mpe tobondeli.. Nzambe Akomema kati na lobiko ata bango banyokoli na baboti to mpe mibali. Soki tokobatelaka kondima na bison a komisangisaka soko te, ekoki kozala na konyokolama epai na bandeko na libota mpona ngonga moko, kasi suka suka tokoka koteya libota. Tokoki ata kokende mosika na lobiko soki tokosanganaka na bobangi ete tonyokolama. Na boye, tosengeli kolanda na molende mokano na Nzambe mpe tosala kolandisama na solo, na kobangaka te.

Tosengeli Kobika Mpona Nini?

Bilei izali mpona libumu mpe libumu mpona bilei. Ɛɛ nde Nzambe Akobebisa oyo moko mpe oyo mosusu. Nzoto ezali mpona ekobo te kasi mpona Nkolo mpe Nkolo mpona nzoto. Nzambe Asekwisaki Nkolo; Akosekwisa mpe biso mpona nguya na Ye. Boyebi te ete nzoto na bino ezali bilembo na Kristo! Boye, nakamata bilembo na Kristu mpe nakomisa yango bilembo na mwasi na pite ? Soko moke te! (6:13-15)

Bilei ezali malamu mpona bomoi. Tokobatelaka bomoi na biso kaka na tango tozali kolia bilei mpe tozwi makasi. Kasi bilei ekobeba mpe solo. Na tango Nzambe Abiangi molimo na biso, nzoto na biso mpe ekobeba.

Eloko nioso ekobeba na lolenge oyo. Bongo nini esengeli na biso kobika mpona yango? Koyebaka ete tokoka te kosangola Bokonzi na likolo soki tokolongolaka te kozanga sembo lokola pite, kosambelaka bikeko, ekobo, kosangana mobali na mobali, koyiba, bilulela, kolangwaka masanga, kotuka, mpe kobotolaka, lolenge nini tokoki kobika kati na sembo?

Sasaipi, nini yango elakisi na "Nzoto azali mpona ekobo te kasi mpona Nkolo mpe Nkolo mpona nzoto"? Yesu Akufaki na ekulusu mpona komema biso kati na Bokonzi na Lola, mpo ete Azali mpona nzoto na biso. Yango tina tokoki kosangola Bokonzi na Likolo.

Tokoki kokima mpona kokweya kati na lifelo te soki tokobi na kobika kati na kozanga sembo lokola basumuki. Na bongo, ezali mpenza kaka bongo ete tosengeli kaka kobika mpona Nkolo na biso Ye oyo Akolandelaka molimo na biso mpe Atambwisaka bison a Bokonzi na Nzambe na nguya na Nzambe.

Eteni 14 elobi ete, "Nzambe Asekwisi Nkolo; Akosekwisa mpe biso mpona nguya na Ye." Akopesa na biso ba nzoto na lisekwa mikokisama oyo ekotikalaka na kobebisama te.

Eteni 15 elobi ete, "Boyebi te ete banzoto na bino ezali bilembo na Kristu? Boye nakamata bilembo na Kristu mpona kokomisa yango bilembo na mwasi na pite ? Soko moke te ! Yesu Alobi été, « Nazali nzete na vigno, bino bozali bitape" (Yoane 15:5). Tozali bitape mikokangamaka na nzete na vigno, nde bongo tozali moko na nzete na vigno. Tozali moko na Nkolo, mpe biso nioso tozali biteni na nzoto na Ye.

Boni bulee ezali nzoto na Nkolo?Ezali na bosoto soko mpe na mbeba te. Boye, bilembo na nzoto na Ye bulee, misengeli mpe kozala bulee. Ezali na bitape ebele kati na nzete. Soki moko na bitepe mikobelaka, tosengeli kokata yango mpo ete nzete mobimba ezonga malamu. Na lolenge moko mpe, soko moko na loboko na biso ezali na kopolaka, tokoki te kaka kotika yango, nde tokosengela na kokata yango.

To, boni boni soki elembo na nzoto na biso ezwi bosoto sima na biso kosukola nzoto? Tokoki te kaka kokende na mbeto na kolobaka ete ezali malamu pamba te biteni nioso mizali petwa. Solosolo tokosukolaka yango.

Na bongo, bana na Nzambe, bango oyo bazali eteni na nzoto bulee na Nkolo Ye oyo Azali na mbeba te mpe na mbindo te, basengeli tango nioso kobika bomoi bulee. Soki bango bakomi mbindo, basengeli mbala moko kosukolaka.

Limbola na Molimo na Mwasi na pite

> Boyebi te ete ye oyo akosangana na mwasi na pite akomi na ye nzoto moko? Pamba te pelamoko ekomami ete, 'Bango mibale bakokoma mosuni moko. Nde ye oyo asangani na Nkolo akokoma na Ye molimo moko. **Bokima pite.** Masumu nioso oyo makosalaka moto mazali libanda na nzoto. Nde moto na pite akosalela nzoto na ye moko lisumu. (6:16-18)

Liboso ntoma Paulo akebisaki bandimi na lingomba na Bakolinti, bango oyo bazali eteni na nzoto na Christu, ete bamikomisa nzoto na mwasi na pite te. Awa, 'mwasi na pite' etalisi bosoto na masumu nioso makomami na likolo.

Pite, kosambelaka bikeko, ekobo, mibali kobebisanaka na bomwasi, mibali kosanganaka nzoto na mibali, koyiba, bilulela, kolangwaka masanga, kotukaka, mpe kobotola na makasi nioso mana mazali na nzoto na mwasi na 'pite'. Tokoki te kokomisa nzoto na Christu nzoto na mwasi na pite, mingi mingi nzoto mbindo na kozanga sembo.

Nkolo na biso Azali na nzoto bulee mpe na peto. Boye, tokoki te koyokisa Nkolo nsoni na kokomaka nzoto na mbindo. Ezali mpe koyokisaka Nzambe nsoni mpe lokola na kobisaka solo na biso mabe, kasi malasi kitoko na Christu te.

Tozali bato bazanga bosembo te. Tozali bana na Nzambe bango oyo bapetolama na makila na motuya na Nkolo. Boye, tokoki te kozala na kozanga sembo; mpe soki tozali na bozangi sembo kati na biso, tosengeli kolongola yango mpenza nokinoki.

Baloma 1:18 elobi ete, "Tomoni nkanda na Nzambe ebimi kowelela makambo nioso mazali kotiola Nzambe mpe bokeseni na bato baoyo bakozipaka makambo na solo na ntina na bokesene." Lisusu Bakolose 3:25 elobi ete, "Mpo ete ye asali mabe akozwa libonza na mabe masalaki ye; kokabola na bato ezali te."

Nzambe Atalaka ten a ba lolenge na nzoto kasi kati na mitema. Komonana lokola ba bonzambe na libanda ezali na litomba moko te soki totondisami na bozangi sembo kati na biso. Nzambe Azwaka moto na lolenge emonani ye libanda te, nde bongo, mitema na biso esengeli na kombongwana. Tosengeli kosala na lolenge na bonzambe kasi kaka na lolenge na komonana na libanda te ; tosengeli kosukola mitema na biso na makila na Nkolo mikolo nioso mpona kokoma bulee mpe bana sembo na Nzambe.

Ezali pete te mpona moto kososola limbola na molimo kati na Nzambe. Eteni 16 mpe 17 elimboli ntina na molimo na lisese mpona kokomisa yango pete mpona moto kososola. Mobali akotika baboti b aye mpona kokoma nzoto moko na mwasi (Genese 2 :24), mpe na lolenge moko bango oyo basangani na mwasi na pite bakokoma nzoto moko na ye.

Oyo na molimo elakisi été basengeli kokoma nzoto moko na Yesu mobali na biso na Libala, kasi basalaki yango te. Yesu mobali na biso na libala, Azali solo. Tosengeli kokoma moko na Liloba na Nzambe, kasi soki tokolandaka solo te, tokozala nzoto moko na mwasi na pite.

Lolenge esilaki na kolimbolama, mwasi na pite elakisi bozangi sembo nioso oyo ekotelemelaka solo. Soki tozwi mwasi na pite, tokokoma moko na ye, mpe na lolenge moko, kokoma baninga na mokili, kobikaka te kati na Liloba na Nzambe, ezali mwasi na pite mpe moto oyo asangani nzoto na mwasi na pite. Soki tomikomisi mbindo na kokomaka moko na mwasi na pite, tokoki te kobikisama.

Kasi bango oyo basangani na Nkolo na biso bakokoma molimo moko na nzela na Nkolo. Molimo Mosantu Atikaka biso tososola Liloba na Nzambe mpe tondima yango, mpe Atalisaka masumu na biso mpo ete tolongola yango.

Lolenge ezali biso kobika mingi mpe mingi kati na solo, tokobota molimo na nzela na Molimo Mosantu. Tokokoma mpenza mpenza moto na molimo na tango tolongoli solo te mpe tobiki mpenza kati na solo. Na esika oyo, tozali na motema na Yesu Christu (Bafilipi 2:5), mpe molimo na Nkolo ekomi moko na molimo na biso.

Eteni 18, "bokima pite. Masumu nioso mosusu makosalaka

moto mazali libanda na nzoto. Nde moto na pite akosalela nzoto na ye moko lisumu."

Ezali na pite na lolenge mibale. Limbola na mosuni ezali pite na nzoto, kasi esengeli mpe na biso ete tososola oyo na molimo.

Na tango Nzambe Atalisami lokola mobali na libala na baton a Ye.

Mpe, kati na Kondimana na Kala, bango oyo bakobatelaka te mibeko na Nzambe kasi bazali kosambela bikeko to mpe kosala masumu babengami mpe basi na pite. Mingi, mingi, ezali kozala na pite soko tozali te kobika kati na Liloba na Nzambe.

Sasaipi, nini yango elakisi na "masumu nioso moto akosalaka ezali libanda na nzoto"?

Na tango tolongoli masumu, tozali lisusu te kosangana na masumu mpo ete masumu mazali libanda na nzoto na biso. Tozwi bonsomi na masumu, bonsomi kati na solo. Tokangamaka na masumu mpo ete tozali na yango kati na biso. Soki tolongoli yango mpe tobiki kati na pole mpe solo, tozali na eloko moko ten a masumu.

Toloba ete ozali na mposa moko ten a koyina to mpe na koboma moto. Boye, masumu na lolenge oyo ezali na eloko moko ten a yo; mizali libanda na nzoto nay o. Kasi bango oyo bazali na pite, mingi mingi, bango oyo bakweyaka kati na mokili mpe bakosalaka sembo te, bakomisangisaka bango mpenza na masumu maye mazalaki libanda na ba nzoto na bango. Ssaipi bakomi moko na bozangi sembo.

Boyebi mpe te ete nzoto na bino ezali esambelo na Molimo Mosantu oyo Azali kati na bino, oyo esili bino kozwa uta na

Nzambe? Bozali mpo na bino mpenza te pamba te bosikwi na motuya. Boye bokumisa Nzambe na nzoto na bino. (6:19-20)

Nani Apesa na biso nzoto na biso? Ezali Nzambe Mokeli. Kati na tango na Kondimana na Kala Molimo Mosantu Afandaka te kati na Mitema na bato, kasi Azalaki kaka kosunga bango uta na libanda mpona kopesa na bango masakoli. Boye, bato bakokaki te kokoba na kososolaka na Nzambe na kokata te. Sima na kosungama esilaki, basengelaki kobika na makoki na mokano na bango moko. Kasi kati na Ekeke na Kondimana na Sika, tokoki kosolola na Nzambe na ba tango nioso mpo été Molimo Mosantu Ayei kati na motema na biso.

Elakisi été nzoto na biso ekomi esambelo esika wapi Molimo Mosantu Akofandaka. Boni na nkembo mpe motuya! Mpo été Molimo Mosantu Abiki kati na biso, tosengeli te kokoma moko elongo na mwasi na pite, mingi mingi kozanga sembo. Molimo Mosantu Azali mpenza petwa mpe bulee, mpe boniboni ekolelaka Ye soki Akosengela kofanda na esika na mbindo mpe bosoto boye mpenza!

Na ba tango misusu tokoki kosala masumu na tango ezali biso kobika kati na solo. Boye, tokozala na bakokoso mpe na koyoka malamu moko te boye kati na biso. Ezali mpo ete Molimo Mosantu Azali komilelaka kati na biso pamba te esengeli na Ye kofanda na bosoto. Nini esengeli na biso kosala na boye? Tosengeli kotubela mpe na kolongwa nokinoki mpona kosepelisa Molimo Mosantu.

Eteni ekobi na kolobaka ete, "bozali mpona bino moko te."

Liboso, tomeseneke kobika lolenge elingelaki biso, kobikaka kati namasumu mpe kosalaka bozangi bosembo. Kasi tosili kokoma na Nkolo na motuya na makila ma Ye. Mpo été Ye Asomba biso na makila ma Ye, tozali lisusu kati na biso moko te.

Tosengeli kobika na mokano na Nzambe mpe na Nkolo. Tosengeli kobundana na masumu mpona kobika bomoi na bulee. Mpo été banzoto na biso ezali lisusu an biso moko te, tosengeli te kosalela ba nzoto na biso lolenge ezalaki na biso moko.

Nkolo na biso Asomba biso na kotangisama na makila na Ye motuya mpe na petwa. Apesa na biso ngolu na Ye mpe bomoi na seko na motuya oyo ekoki te kokabama na eloko soko nini kati na mokili. Na boye, tosengeli kopesa nkembo epai na Nzambe na ba nzoto na biso.

Tosengeli kokumisa Nzambe mpe tobimisa solo malasi na Christu ata na kolobisa ebele na Bapagano kolobaka été, «"Nalingi kosangana na Lingomba na tango namonaka yo." Oyo nde mosala na bandimi kati na Nkolo.

1 Bakolinti 10:31 elobi ete "Boye soko bokoliaka, soko bokomelaka, soko bokosalaka soko nini, bosala nioso mpona nkembo na Nzambe." Baloma 14:7-9 elobi ete, "Moto ata moko te kati na biso azali na bomoi na bomoi na ye mpenza ; moto na moto te akokufa mpona ye mpenza ; mpo soko tozali na bomoi tozali na bomoi mpona Nkolo mpe soko tokokufa tozali kokufa mpe mpona Nkolo. Bongo ata tozali na bomoi, ata tozali kokufa, tozali baton a Nkolo."

Soki solo tondimeli likambo oyo, tosengeli kolongola kozanga sembo mpe tokoma moko elongo na Nkolo kati na solo. Tosengeli kobika kati na nkembo na Nzambe na nioso ekolia biso, tokomelaka, mpe noini nini ekosalaka biso.

Chapitre 7

LIBALA

Mposa na Libala na Bomoi

Limbola na Molimo na 'Komipekisa'

'Nakolikia ete Mibali Nioso Bazali Lolenge Ngai Nazali'

Bokabwani

Kolandisama na Etape Kati na Kondima

Bokeseni kati na "Misala Mimonani na Miso" mpe "Kobatelaka Mibeko"

Ezali Malamu Mpona Moto Atikala Lolenge Ezali Ye.

Mpona maye Matali Baboti na Mwana Mwasi Moseka to Basi Bakufela Mibali to Mibali Bakufela Basi

Bomoi na Libala oyo Esengela

Mpo na makambo makomaki biso ezali malamu mobali amama mwasi te. Kasi mpo été pite ezali, mobali na mobali azala na mwasi na ye mpe mwasi na mwasi azala na mobali na ye. Mobali apesa na mwasi yango ekoki na ye, mpe bongo mwasi apesa mobali yango ekoki na ye. Mwasi azali na bokonzi likolo na nzoto na ye moko te kasi mobali azali na yango ; Boye mpe mobali azali na bokonzi likolo na nzoto na ye moko te kasi mwasi azali na yango. (7 :1-4)

Paulo alobaki ete ezali malamu mpona mobali komama mwasi te. Alingaki kopekisa mimekano na lolenge nini kati na lingomba.

Mobali komama mwasi te elakisi été ezali malamu mpona biso tobika mpona Nzambe na komibongisaka biso mpenza lokola basi na libala na Nkolo kati na mikolo oyo na suka, banda Yesu Ayaka kati na mokili oyo. Kasi soki tosengeli kokota kati na pite mpe tobwakisama na Nzambe. Boni mawa likambo na lolenge oyo ekozala ! Soki ezali bongo, ekozala malamu kobala mpe kokima pite.

Eteni 3 elobi été mobali mpe mwasi basengeli kokokisa mosala na moko na moko esika esengela.

Boye nini yango elakisi kopesa oyo esengeli na ye' ? Mobali asengeli kotambwisa libota kati na solo. Lisusu, asengeli kozala makasi mpe na molende lokola Yosua na tango Nzambe Asololaka na ye (Yosua 1 :6-9). Mobali asengeli kozala na makoki oyo ezali kokomisa ye mobali elongo na molende mpe na makasi kati na mosala.

Kozala makasi mpe na molende elakisi te été ye asengeli kobetaka. Asengeli na kondima mpe na koyamba basusu mpe akokisa mosala na ye epai na mwasi na ye mpe kati na libota na limemia.

Bongo nini mosala na mwasi ezali ? Mwasi asengeli te komimatisaka to mpe kotombola mongongo kasi azala na botosi mpe na kimia, akangaka motema kati na makambo nioso. Asengeli mpe kolakisa bana na ye kati na solo.

Bongo esengeli ten a Biso Kozala na Bokonzi Likolo na ba Nzoto na Biso Moko ?

Bongo yango elakisi nini kozala na bokonzi te likolo na nzoto na ye moko ?

Babalani ezalaka kaka na moto moko te; bazalaka banga babale nzoto moko. Mobali akoki te kotala na bokonzi nioso likolo na nzoto na ye moko, mwasi mpe te lokola. Basengeli kosangana lokola motema moko, kolobelaka makambo nioso kati na kimia.

Genese 2:24 elobi ete, "Yango wana moto akotika tata na ye mpe mama na ye mpe akosangana na mwasi na ye, mpe bango bakozala mosuni moko." Mpo ete bango bazali mosuni moko, bakoki te kaka kotelema na likanisi na bango moko.

Na tango mobali akomilelaka, mwasi mpe asengeli komilelaka na ye elongo. Na tango mwasi azali kosepela, mobali asengeli mpe kosepelaka na ye elongo. Basengeli kozala na motema mpe makanisi moko.

Mpona oyo etali bokonzi mobali azali likolo na mwasi kati na libala. Kasi moko na moko na bango asengeli koyeba bokonzi na oyo mosusu. Mobali akobetisaka sete na likanisi na ye kaka te soki andima bokonzi na mwasi mpe lokola.

Limbola na Molimo mpona 'komiboyana'

Boboyana kati na bino te bobele soko bondimani kosala bongo mwa ntango mpe bomipesa na kobondela mpe na nsima kosangana lisusu ete Satana ameka bino te awa ezangi bino nguya na komikanga mposa. Kasi nazali koloba boye mpona komonisa nzela, kasi ezali mpona kolaka mobeko te (7:5-6)

Elobi, "Boyana kati na bino te" mpe tosengeli na kososola yango na molimo. Ezali kolobela mitema na biso'

Elakisi ete mobali mpe mwasi basengeli ten a kokabwana kati na mitema na bango kasi nde bakoma motema moko kati na solo. Ezali pasi kozala na likanisi moko, kasi ekoki mpona kozala na motema moko. Bandimi babikaka kati na solo, mpe mpo ete ezali kaka na solo moko, kati na solo yango tokoki kozala na motema moko.

Ekobi na kolobaka ete, "...bobele soko bondimani kosala bongo mwa ntango, mpona kobondela, mpe na sima lisusu kosangana..." Soki bango basangana ten a motema moko, Satana akomeka bango. Bakoki koyoka lokola bazali moko te mpe na komitungisama mbe na tango basangani lokola moko, mpe Satana akoki komeka bango na likambo oyo. Bakoki ata kosumuka, nde bongo, basengeli kozala lisusu lokola moko kati na motema nokinoki ekoki bango.

Kasi na ba tango misusu bakoki te kozala elongo na nzoto esika moko. Bakoki kokabwana na mosika na mosusu mpona kokokisa mosala na Nzambe, bombongo, mosala, to mpe makambo na moko na moko.

Mingi mingi, soki esengeli na moko kokila, akende ngomba na mabondeli, to mpe na kobonza ba butu 100 na kobondelaka nzambe, basengeli na koboyana. Basengeli kosala bongo mpona tina malamu. Kasi sima na kobondela na bango, basengeli lisusu kozonga elongo.

Ezali na likambo moko oyo tosengeli kokeba na yango mpona oyo etali komiboyana. Toloba ete tolingi kokende ndako na Nzambe mpe kobondela nab utu mobimba. Boye, liboso na biso kosala bongo, tosengeli kozwa nzela na mobali to mpe na mwasi. Soki mobali to mwasi azali te kotosa maloba na mosusu kasi akosala kaka lolenge alingi, ekoki kobenda kowelana. Yango ekolakisa ete kimia elongwe mpe Nzambe Akosepela na yango te. Bana na bango mpe bakoki kobunga nzela mpe lokola. Na boye, mobali mpe mwasi basengeli kozala na kimia na makambo nioso.

Oyo ezali na limbola na molimo mpe na nzoto, kasi solosolo limbola izali lolenge moko. Yesu Azali mobali na bison a libala mpe biso tozali basi ba Ye na libala. Boye, tosengeli kosangana na Nkolo na biso Yesu oyo Azali mpenza solo. Boye elakisi été na kozala na bomoko elongo na Christu tokozala na bomoko mpe tokozala mpe na motema moko mpe lokola na Nzambe. Bafilipi 2 :5 elobi été, "Bokanisa kati na bino yango ekanisaki Christu Yesu." Mpona kosala boye, tosengeli kobika kati na solo. Na tango tobiki kati na solo, tozali moko elongo na Yesu Christu mpo été motema na Ye ezali yango solo.

Sasaipi, bongo mpona nini soki tozali biso moko koboya Nzambe ? Solosolo, Satana akomeka biso. Soki tosangana te kati na solo, elingi koloba été tozali kotalela mokili, tomekami mpona kosala masumu, tokosekama na Satana kati na konyokwama na biso kati mimekano mpe minyoko mikolandisama sima na moto kosumuka. Kasi soki tozali na motema moko na Nkolo kati na solo, elakisi été tozali kobika mpenzampenza kati na mokano na Nzambe, nde bongo, tokokutana na momekano soki nini te. Ata soki ekomeli biso, Nzambe Akosala mpona bolamu na makambo nioso.

Eteni 6 elobi ete, "Kasi nazali koloba boye mpona kotalisa nzela, ezali mpona mobeko te." Ntoma Paulo azalaki elenge na makasi mpe na molende mingi liboso na ye kondimela Nkolo. Kasi kobanda ngonga akutanaki na Nkolo, azalaki tango nioso kosepela, kopesaka matondi epai na Nkolo, mpe kombongwana na moto oyo abulisama, oyo akokani na Nkolo.

Lolenge ezalaki ye na boboto mpe bolingo mingi, apesaki motindo te epai na basusu mpona kosala yango to mpe kosala bongo na tango azalaki kolakisa bango. Ata soki azalaki ntoma, asengaki mpe te epai na etonga, kasi alakisaki bango kaka mpe apesaki na bango toli na Liloba na Nzambe. Soki tozali batambwisi kati na lingomba, tosengeli te kopesa mitindo kati na kotambwisa na biso, kasi tozala ndakisa na kotambwisa, kotikela, mpe na kopesaka makasi.

Ezalaka na ba ngonga esika wapi lingomba mobimba basengeli na kokila bilei to mpe na kobondela mpona eloko etali Bokonzi na Nzambe. Kasi ata na makambo mana, Nalobaka kaka ete, "Tokende na kosala boye kolandisama na mokano na Nzambe. Soki bolingi to mpe bozali na makoki, bokoki kokota. Kasi bosengeli kozwa ekateli kati na kopona na bino moko mpenza kolandisama na misala na Molimo Mosantu."

Kasi na ba tango mosusu, Namonaka bakambi misusu bakomaka na kokweisela mitindo kati na kotambwisa na bango. Motema na ngai ezwaka pasi na komonaka makambo na lolenge oyo mpe napesaka na bango toli kolobaka ete, "Yesu Ayaka mpo ete basalela Ye te kasi kosalela. Tosengeli na komitala biso moko mpona komikitisa nan se na basusu."

Kaka kati na lingomba te, kasi kati na kozala na libota kati na baboti mpe bana, mpe kati na mokili na makambo matali ba oyo na esika na bokonzi mpe na ba wana bazalaka ban gamba na bango, kati na koyebana nioso na bato, tosengeli kozala na komikitisa oyo lokola oyo na ntoma Paulo yango ezali motema na Nkolo. Ezali motema oyo etambwisaka mpe ekambaka basusu kati na bolingo mpe na boboto kasi te kati na kopesaka mitindo mpe na kokonzaka.

"Nalingi ete Bato Nioso Bazala Lokola Ngai Moko"

Nalingi ete bato nioso bazala lokola ngai moko. Kasi moto na moto azali na likabo uta na Nzambe, moko na lolenge oyo, mosusu na lolenge mosusu. (7:7)

Ntoma Paulo alobaki kolandisama na mongongo koyokana malamu mpenza, lisungi, mpe kotambwisama na Molimo Mosantu. Na bongo, oyo elobaki ye ezalaki Liloba na Nzambe.

Alobaki ete, "Nakolikia ete bato nioso bazala lokola ngai moko." Boye, mpo nini te alobaki ete alingaki ete bato nioso bazala lokola Yesu to mpe lokola Nzambe, kasi lokola ye moko?

Azalaki na motema na Nkolo na kolingaka Nzambe mpenza mpenza mpe na kosalaka kati na solo. Alingaka ete bato nioso balanda makambo nioso oyo. Nini lisusu tosengeli koyekola epai na ye? Paulo abalaka te. Azalaka moto abala ten a mibembo nioso na ye na missionaire.

Kati na 1 Bakolinti 9:5-12 Paulo ekomama ete azalaki na makoki na kozwa ndeko mwasi mondimi lokola mwasi na ye, ata lokola ba ntoma misusu mpe bandeko mibali na Nkolo, mpe Kefa. Kasi, ye asalaki yango te mpona Sango Malamu.

Libala 243

Alobaki mpe ete alingaki bato nioso bazala lolenge "ezalaki ye."

Kasi, eteni 7 elobi ete moto na moto azali na likabo na ye uta na Nzambe.' Yango elakisi te makambo lokola minoko na sika, masakoli. To mpe kobikisa. Elobeli ngolu oyo bango bazwaki longwa na Nzambe. Biso nioso tozwi lolenge na ngolu euti na Nzambe. Likolo na nioso, tobikisamaki na kokweya, kati na kobebisama na Lifelo. Tozwa mpe bomoi na seko. Tombongwana na bana na zabolo mpona kokoma bana na Nzambe, mpe ba nkombo na biso ekomama kati na buku na bomoi na Lola. Mpe, yango ezali kaka eteni na ngolu monene oyo biso tozwaka!

Kasi, lolenge na koyoka ngolu yango ekesena na moto na moto. Basusu bakoki kaka koloba ete balingi kobonza bomoi na bango moko epai na Nzambe. Bango bakobalaka te mpo ete ngolu bazwa epai na Nzmabe ezali mpenza monene.

Soki Nandimelaka Nkolo mpe nayebaka solo liboso na ngai kobala, Nalingaki mpe kofanda lolenge na ntoma Paulo mpe lokola. Ngolu oyo Nkolo Apesaki na ngai ezalaki mpenza monene nde Nalingaki kofuta Ye mpona ngolu na Ye na motema na ngai mobimba, makanisi, molema, makasi mpe bomoi na kozalaka sembo epai na Ye. Soki kaka ngolu na tango ezwamaki epai na Nzambe ezalaki monene bongo, ezali malamu mpona mobali kotikala monzemba lokola ntoma Paulo te.

Nazali koloba epai na bango babali naino te mpe na basi-bakufeli- mibali ete malamu na bango batikala lokola ngai. Nde soki bayebi komikanga mposa na bango te, babalana. Kobalana eleki malamu na kozika na mposa. (7:8-9)

Paulo alobi na bango naino babali te mpe na basi bakufelamibali ete ezali malamu mpona bango kotikala lokola ezali bango lolenge na Paulo ye moko. Nini ezali ntina?

Soki bango babali basengeli kosunga molongani na bango mpe na ngonga moko basengeli na kosalela Nzambe mpe lokola. Bongo makanisi nabango ekabolami. Mobali akoki kolinga yango ten a tango mwasi na ye akei kobondela. Akolingaka ye kaka kofanda elongo na ye. Ezali na bato misusu bazalaka na molende mingi kati na misala na Nzambe liboso na bango kobala, nde sima na bango kobala, bakozalaka na mosala mpona kokolisa bana na bango mpe na kolandelaka makambo matali libota na bango mpe bakokoma na goigoi kati na misala na bango na Nzambe. Yango ntina Paulo alobi ete ekozala malamu kotikala bongo.

Kasi alobi mpe ete tosengeli na kobala soki tozali na komikanga mposa te. Na tango tokomonaka basusu kobala mpe na kobandaka libota, soki toyoki été tolingi kosala lolenge moko, nde, ekozala malamu mpona biso kobala.

Kati na Matai 5 :28 Yesu Alobi été, "Nde Ngai Nazali koloba na bino été ye nani akotala mwasi na mpona na ye mabe kati na motema na ye, asili kosala na ye ekobo kati na motema na ye. » ezali malamu kobala mpe na kozala na libota malamu, na kosalelaka Nzambe na esika na kozala monzemba mpe na kosala ekobo. Ezali lisumu te na kobala mpe Nzambe akolobaka te été ezali koyokisa Ye nsoni.

Bokabwani

Epai na ba oyo basili kobalana nazali na liloba (kasi ezali na ngai moko te, euti na Nkolo) ete mwasi alongwa na mobali te. Kasi soko akolongwa, atika kozanga mobali soko azongi na mobali na ye te. Ekoki na mobali kolongwa mwasi na ye te. Nazali koloba na bamosusu (liloba oyo euti na Nkolo te) ete soko ndeko moko azali na mwasi oyo azangi kondima, mpe ye asepeli kofanda na ye, ekoki na mobali kolongola ye te. Mpe soko mwasi azali na mobali azangi kondima mpe ye asepeli kofanda na ye, ekoki na mwasi kolongwa na ye te. (7:10-13)

Kati na eteni 6 Paulo alobi ete ezali mpona komonisa nzela, kasi awa mpona nini alobi ete ezali liloba? Na tango bozali kopesa Liloba na Nzambe, ezali liloba. Soki olobeli likanisi nay o moko, ezali na kotalisa nzela. Tosengeli kososola bokeseni kati na nzela na kotalisa nzela mpe na liloba.

Alobi ete ezali kopesa liloba awa mpo ete ezali likanisi na Paulo ye moko mpenza te kasi ye azali kopesa mokano na

Nzambe. Na tango mosali na Nzambe Azali kopesa mokano na Nzambe, ye akoki te kolobaka ete, "Ezali malamu mpona kosala boye, nde bosala bongo." Asengeli na kopesa motindo yango mpo ete ezali Liloba na Nzambe.

Likomi awa elobi ete bango oyo basila kobala basengeli te na kolongola molongani na bango. Elingi koloba été basengeli te kobika na kokabwana to mpe na kolongolama. Soki basali yango, basengeli lisusu kobala moto mosusu te kasi batikala bongo to mpe bazongana lisusu na molongani na bango.

Na bokeseni na Bapagano, Ezali malamu te mpona bazangi kondima kokabwana to mpe na kolongolama. Ata soki bokeseni na bizaleli mpe lolenge na komona makambo ezali, basengeli na komisosola mpe na kokanga motema. Ezali mosala na bandimi kolinga, kosangana, mpe na kolimbisa.

Yango elobi mpe été, "...mobali asengeli te kolongola mwasi na ye." Elakisi été mobali asengeli te kozala oyo na liboso mpona kopesa likanisi na kokabwana. Maloba na lolenge oyo mazali mpona bapagano, kasi bandimi te.

Eteni 12-13 elobi ete, "Nazali koloba na bamosusu (liloba oyo euti na Nkolo te) ete soko ndeko moko azali na mwasi oyo azangi kondima, mpe ye asepeli kofanda na ye, ekoki na mobali kolongwa na ye te. Mpe soki mwasi azali na mobali oyo azangi kondima, ekoki na mobali kolongwa na ye te." Oyo ezali Liloba na Nzambe te, kasi likanisi na Paulo. Kasi ezali mua moke lolenge moko na mokano na Nzambe mpo été ntoma Paulo azalaki koyoka malamu mingi mongongo na Molimo Mosantu mpe na kosalaka lolenge na Nkolo.

Mobeko na Kondimana na Sika elobelaki na Bayisalele été babala bapagano te. Lolenge moko, kati na Kondimana na Sika, eloko moko esalemi été bandimi babalana na bapagano te.

Kasi bongo, lolenge kani ekoki kozala na likambo esika wapi moko na babalani azali kondimela te ? toloba été ezali na bapagano babale oyo babalanaki mpe na sima na tango moko na bango abandi kokende ndako na Nzambe mpe andimeli. Na lolenge oyo, ekozala malamu koleka soki molongani mosusu alandi lokolo na ye mpe kokende na lingomba mpe sima andimela mpe Nkolo, kasi ekoki kozala bongo te.

Tolobela eloko na mwasi kondima Sango Malamu te. Mobali mondimela akoki te koloba été, "Nalingi kokabwana mpo été yo ozali koyangana na lingomba te." Soki mwasi mozangi kondimela akobi na kolinga kobika elongo na mobali na ye mopagano, asengeli te koboyana na ye.

Awa, tomoni esika wapi ekolobaka été, "soki asepeli kofanda na ye." Ezali lolenge moko na tango mwasi andimeli mpe mobali andimeli te. Kasi yango elakisi te été moko akoki kokabwana na molongani na ye soki mwasi to mobali alingi te kobika elongo na ye.

Mpo ete mobali oyo azangi kondima akobulisama na ntina na mwasi mpe mwasi oyo azangi kondima akobulisama na ntina na ndeko mobali; soko te bana na bino bakozala na mbindo nde sasaipi basili kobulisama. (7:14)

Likomi elobi ete tosengelaki te kokabwana na bazangi kondima ya mobali to mwasi, mpe ntin elimbolami kati na eteni oyo. Ndakisa, na tango mwasi azali mondimi mpe mobali na ye azali te mwasi asengeli kobondela mpona kobikisama na mobali na ye mpe komeka koteya ye Sango Malamu. Lisusu, na tango mwasi, oyo ameseneke koswana na mobali na ye mpe na kozwaka nkanda mpona ye, akomi malamu mpe na kosalela ye kati na bolamu, akofungolaka bongo motema na ye.

Na lolenge mwasi akobetela mobali na ye lisolo na kondima na ye mpe ateyi ye Liloba na Nzambe, akoki komonana lokola azali na tina na yango te, kasi yango ekolonama kati na motema na ye moke moke. Suka suka, ba nkona oyo nioso ekomema libaku malamu mpona ye kondimela Nkolo. Mpe na tango mobali abandi koyangana kati na lingomba mpe kobika kati na Liloba na solo, noke moke akosantisama.

Ezalaka mpenza mingi te ete mobali andimela mpe mwasi azali naino mopagano, kasi yango ezali likambo na lolenge moko. Soki mobali azali kotambwisa libota lokola ndakisa malamu, soki mpe azali kosunga na misala kati na ndaku, mpe soki tango na tango akopesaka mabonza mikemike na mwasi na ye, akopesa na ye tango mpe akolingaka ye mingi mpenza, mwasi asengeli mpe koyoka ye. Sukasuka, ye mpe akondimela Sango Malamu, ayoka Liloba, ayangana na lingomba, mpe suka mpe abulisama mpe lokola.

Eteni 14 elobi ete, "...soko te bana na bino bakozala na mbindo, nde sasaipi basili kobulisama." Nini yango yango elakisi? Na esika wapi kaka moko na babalani ayanganaka na lingomba, mwasi azalaka mingi mingi nan se na bokonzi na mobiti mopagano.

Toloba ete mobali ayanganaka na lingomba mpe mwasi asalaka yango te. Boye, mwasi akoyoka mpenza te mobali na ye te. Elingi kolakisa été mwasi azali moto makasi koleka mobali. Boye, nde bana bakozala nan se na lolenge na mama na bango mopagano mpe bakozala na kondima te.

Lisusu, toloba été mwasi azali mondimi mpe bobali azali te. Na esika oyo mobali akoyokela mwasi na ye te kasi akobanda konyokola ye. Lisusu, na ndakisa na ye akolakisa bana na ye na koyangana na lingomba te. Boye, eteni 14 elakisi bongo, na tango bango nioso baboti babale bazali bapagano to mpe na tango moko na bango azali mondimi te, ezali pete te mpona bana na bango babulisama.

Na suka na eteni elobi été, « kasi sasaipi babulisami. » Tika ngai nalimbola nini yango elakisi. Na tango moko na baboti abiki bomoi na ndakisa malamu mpe azali tango nioso koteya sango malamu epai na molongani na ye, susuka bango babale bakokoma bandimi. Bakokoba mpe na kokoba kombongwana kati na solo mpe lokola. Na tango baboti babulisami, bana na bango mpe lokola bakobulisama lokola baboti na bango.

Nde, soko oyo azangi kondima alingi kolongwa, tika ete alongwa. Na likambo yango ndeko mobali to ndeko mwasi akangami te. Mpo ete Nzambe Abiangi biso mpona kimia. Mpo ete yo mwasi oyebi te soko yo okobikisa mobali nay o? yo mobali mpe, oyebi soko yo okobikisa mwasi nay o? (7:15-16)

Yango elakisi, soki mobali mopagano to mpe mwasi mopagano alingi kokabwana, mobali mondimi akoki kokoba na kozwa bokabwani na bango. Kasi elingi te kolakisa ete tosengeli kokabwana na molongani mopagano. Yango ekoki kaka kosalema na likambo makasi mpenza.

Ndakisa, soki likambo yango ememi yo mpenza na kopona kati na mobali to mpe lingomba, nini ekosala yo ? Bokoki te kopona mobali na yo na esika na Nzambe mpe na kokweya kati na lifelo. Soki mpe mobali akomi na konyokola mpe mpe alobi été, « Nakokabwana na yo liboso na ngai kotika yo kokende lingomba ! » nde bongo ekozala lisumu te mpona kokabwana na ye.

Na likambo oyo, soki ye mwasi atiki Nzambe mpe abaluleli Ye mokongo na bobangi na konyokolama to mpe na bokabwani, elakisi été ye azala na kondima soki moke te. Aponi nzela na lifelo mpo été azali na kondima te.

Matai 10 :28 elobi été, « Bobanga bango te ba oyo bayebi koboma nzoto, nde bayebi koboma molimo te. Bobanga nde Ye oyo Azali na nguya na kobebisa molimo mpe na nzoto kati na Geena. » Moto akoki koboma nzoto, kasi molimo te.

Moto akoki kozala na kokonza na bomoi oyo na mosuni kati na mokili oyo na tango moko, kasi kaka Nzambe nde Akoki kotia molimo na biso ezala kati na Lola to mpe na Lifelo. Na bongo, tosengeli kobanga Nzambe na esika na moto. Tosengeli kotosa Liloba na Nzambe na kobangaka Ye mpenza mpenza.

Kasi tokoki te kokanisa Kati na bopete ete tokoki kokabwana. Tokoki kososola motema na Nzambe kati na liloba kolobaka ete, "Nzambe Abiangi bison a kimia." Mingimingi, Nzambe Alingi biso tozala na libota na kimia mpe malamu. Yango tina tokoki te komeka na kokabwana, kasi tosala eloko nioso ekoki biso mpona kokomisa libala na biso kitoko, mpo été molongani oyo abikisama te akoka kobika na nzela na biso.

Kolandisama na Etape Kati na Kondima

Kasi tika moto moko na moko atambola lolenge moko Nkolo Asili kokabwela ye, mpe na lolenge losili Nzambe kobianga ye. Oyo lozali mobeko na ngai na mangomba nioso. Moto moko akatami ngenga wana ebiangami ye? Alongola elembo yango te. Moto moko azali na esute te wana ebiangami ye? Akatama ngenga te. (7:17-18)

Nkolo Apesa na biso likabo na Molimo Mosatu mpona komema biso kati na bokonzi na Lola. Molimo Mosantu Akosungaka biso tososola solo mpe tososola masumu. Molimo Mosantu Abikisaka bison a nzela na kondim na biso.

"Tika ete Asala lolenge Nzambe Abinga koko na moko," elakisi tosengeli kosala kolandisama na etape kati na kondima na biso. Tokoki kaka kosala kolandisama na ngolu na Nzambe yango epesama na lolenge kondima na biso ezali kokola.

Tokoki te kotia molunge epai na bandimi na sika kati na lingomba na kolobaka ete "Yo osengeli kokanga bombongo nay o na mokolo na eyenga," to "OKozwa etumbu soki yo opesaka moko na zomi te." Epai na bana bebe oyo bakoki kaka komela miliki, soki bopesi na bango bilei makasi lokola to misuni, bakozala na likambo na yango. Tosengeli kolakisa moko na moko na bwanya kolandisama na etape kati na kondima ana moko na moko.

Eteni elobi ete, "moto moko akatami ngenga wana ebiangami ye? Alongola elombo yango te. Moto moko azalaki na esute wana ebiangami ye? Akatama ngenga te." Mibali na Yisalele bakatamaka ngenga na mokolo na 8 na mbotama na bango. Ezali elembo na kondimana Nzambe Asalaki na Abalayama na kolobaka ete, "Nazali Nzambe nay o oyo Atambwisaka yo kati na lobiko, mpe bozali baton a Ngai."

Ntina na bokatami ngenga na nzoto ezali mpona bopeto mpe mpona nzoto malamu. Na molimo elakisi kosala kondimana na Nzambe. Kati na Kondimana na Kala, naino bayambaki Molimo Mosantu te. Kasi na nzela na kokatama ngenga bakokaki kokende liboso na Nzambe. Kati na Kondimana na Sika, tobikisami na misala na biso te, nde bongo, tosengeli na kokata ngenga na mitema na biso mpona kolongola mitema na biso na biloko na bosoto na nzela na Molimo Mosantu.

« Moto moko kokatama ngenga wana ebiangami ye » elakisi été kobiangama lokola Mopagano. Boye, kolobela moto ete akatama ngenga te elakisi ete elakisi ete moto yango asengeli te kobika Bokristu na ye lokola Bayuda bango oyo basalelaka mobeko mpona kozwa lobiko. Bango oyo babiangami lokola Bapaya babikisama na nzela na kondima kati na Yesu Christu, kasi na misala na komonana na miso te.

Bokeseni kati na "Misala Mimonani na Miso Polele" mpe "Kobatela Mibeko"

Kokatama ngenga ezali eloko te, esute mpe ezli eloko moko te, kasi kobatela malako na Nzambe nde ezali na ntina. Moto na moto abatela lolenge lozalaki na ye na tango ebiangamaki ye. (7:19-20)

Toyaki liboso na Nzambe na kobiangama na Ye. Boye, tosengeli te kokatama ngenga lolenge ezalaki kosalema na Kondimana na Kala. Eloko na lolenge wana ezali nzela na lobiko te. Ekoki mpe te kokoma libonza na biso kati na Lola.

Boye, nini esengeli na biso kosala ? Likomi likolo ekoki kotalisa biso elembo na bolingo na biso mpona Nzambe mpe tokwnde nzela na lobiko na kobatelaka mibeko na Nzambe. Bato misusu bakoki kososola mabe nini yango elakisi. Bato misuusu balobaka été, « Sika'awa tozali kobika kati na Kondimana na Sika, mpe tobikisami te na misala na Mobeko. Tobikisami na kondima. » Bakolobaka boye mpo été basosola te nini kondima ezali.

Sasaipi, nini bokeseni kati na "misala mimonani na miso" mpe "kobatelaka mibeko" ? Mpona kobatelaka mibeko na Nzambe elakisi bokatami na ngenga na motema. Ezali kokabwana na makambo na mbindo kaka na misala te kasi kati na motema mpe lokola mpe kobika bomoi na petwa kolandisama na Liloba na Nzambe.

Kati na Kondimana na Kala, soki kaka babatelaki Mobeko na libanda; bango basumukaki soko moko te. Ndakisa, ata soki bazalaki na makanisi na ekobo na tango etalaki bango mwasi, emonanaki lisumu te mpona yango ezalaki eloko oyo esalemaki te, ememamaki soko mpe ten a misala.

Kasi kati na ekeke na Kondimana na Sika, kozala na likanisi na lolenge oyo emonani lokola lisumu. Lisusu, tosengeli kolongola motema oyo na mbindi, yango mpenza. Kaka misala te, kasi mpe na tango ezali biso kolongola bosolo te kati na motema longwa na moto na bison a kati nde tokoki koloba ete tobateli solo mibeko.

Ezali mpenza pamba mpona kolanda nzela na misala mimonani na miso na kozanga kobongola motema, mpo ete tobikisami ten a nzela na misala na biso. Ata soki tozali koyangana kati na lingomba na mikolo na eyenga mpe epesi biso moko na zomoi, tokoki ten a kobikisama soki tozali kobika te kati na solo mpe tokobi na kosalaka misala na kozanga sembo. Soki ezali biso kobika kati na kobukaka mibeko na kokata ngenga na motema na biso te, Nzambe Akoki te koloba ete tozali na kondima te.

Yango tina ntoma Paulo alobeli biso ete tokoma bango oyo

bazangi na kokatama ngenga" to mpe "Bakatami na ngenga," kasi tobatelaka kaka mibeko na Nzambe.

Baloma 10:10 elobi ete, "...Pamba te kondima oyo ekokomisaka moto na boyengebene ezali motema, mpe eyambweli oyo ekokomisaka moto na lobiko ezali na bibebu." Lokola ekomama, bango oyo bandimi kati na motema bakobatelaka mibeko na Nzambe. Bakolongola masumu kati na motema mpe bakobatelaka nini Apesaki lokola Mobeko. Na lolenge oyo, bakokataka ngenga na bango kati na motema mpe bakomi bayengebene.

Moto na moto asengeli kotikala na lolenge ebingamaki ye

Eteni 20 elobi ete, "Moto na moto asengelaki kotikala na lolenge ebiangamaki ye." Elakisi ete, na tango tondimelin Yesu Christu, tosengeli kotalisaka misala na biso mpe bolingo kati na solo (1 Yoane 3:18).

Bato misusu balobaka ete, "Nakoki te koya kati na mayangani na lingomba mpo ete namelaka masanga." Basusu bakoki koloba ete nbakoki te koya na lingomba mpo ete "basengeli kofungola bombongo na bango" to bakopesaka ba tina misusu mpona kosala na moko na eyenga. Kasi Nzambe Alobi tosengeli koya liboso na Ye na lolenge ezaleli biso mpe tomeka oyo esengeli na biso kosala kati na bosembo na misala mpe na solo.

Obiangami moumbo? Ezali yon a likambo te. Nde soki okoki kozala nsomi, ekoki nay o kobila nzela yango. Pamba te ye oyo abiangami epai na Nkolo lokola moumbo azali nsomi epai na Nkolo. Lolenge moko mpe ye oyo abingami lokola nsomi azali moumbo epai na Nkolo. (7:21-22)

Ebele na bato bazalaka baton a mua mangomba to mpe bitonga. Eteni oyo elobeli na biso ete tomitungisama te soko tobiangami na tango tokangami na eloko mosusu. Ata soki nzoto na biso ekangami na moto moko to mpe eloko, motema na biso ekoki kokoba na koluka Nzambe mpe na kolanda solo.

Ya solo, ekozala malamu na koleka mpona kozala na bonsomi na koyambi na biso. Ezali malamu mpona kosala na bosembo mpona bokonzi na Nzambe na esika na kokangama. Na bongo, makambo mana nioso mazali malamu, kasi ya solo, ezali malamu koleka mpona kozala na bonsomi.

Eteni 22 elobi ete, "Pamba te ye oyo abiangami lokola moumbo azali nsomi epai na Nkolo," Biso tozali na Nkolo soki tofungoli motema na biso mpe tondimeli Yesu Christu. Kati na makomi oyo, 'Moumbo' ekoki kokabolama na ba categori mibale.

Yambo ezali moumbo akangama na mokili. Yango elakisi moumbo kaka nioso te kati na mokili. Kasi yango elobeli bango oyo bakangama na mosala moko boye kati na mokili kasi babonzi mitema na bango epai na Nkolo. Na tango ebateli bango mibeko na Nkolo na motema na lolenge oyo, bakozala baton a bonsomi epai na Nkolo lolenge ekomama kati na Yoane 8:32 kolobaka ete, "bino bokoyeba solo, mpe solo ekokangola bino."

Lisusu, ezali na baumbo bango oyo bakangami kati na Nkolo. Bazali banganga mpe basali na Nzambe bango oyo basalaka kati na lingomba kati na kosalelaka Nzambe. Bazali mpe baton a bonsomi kati na Nkolo.

Basusu kati na bandimela sika, bango oyo bayebi solo malamu te, to mpe bango oyo bazalaki na lolenge moko batindikami mpona kokamata mosala kati na lingomba na kolobaka ete bakangami kati na Nkolo mpe bazali na bonsomi te.

Bakanisaka ete bango bakangami na Nzambe to mpe lingomba, kasi na solo, bakangama te kasi bazali nsomi. Mpo nini ezali bongo?

Soki babiangama lokola basali na Nkolo te, basali na lolenge nini esengelaki na bango kokoma? Basengelaki kokoma basali kati na mokili oyo, basali na moyini zabolo mpe na Satana. Bakangolamaki na minyololo mana, mpe bazwaki bonnsomi na solosolo. Mpe bazali kokenda na nzela na bomoi na seko. Yango ezali solo bonsomi na solosolo.

Soki bokomi basali na nzambe to mpe bozwi misala moko kati na lingomba, elakisi ete bozali kosala mpona bokonzi mmpe bosembo na Nzambe, mpe mpona bandeko kati na kondima. Yango ezali nzela na kozwa bomoi na seko, mapamboli kati na mokili, mpe mabonza kati na Lola.

Ezali nzela mpona bino kozala nzoto malamu na molimo

mpe na nzoto, mpona molimo na bino kotambola malamu, mpe mpona bandeko na bino kati na kondima kozala malamu mppenza. Yango ezali nzela na esengo mpe nzela malamu. Boye, tosengeli kosala oyo esengeli na biso mpona mosala na Nkolo mpe tozwa kondima na solo, kimia, mpe bonsomi.

Kati na kotalelaka yango, Paulo alobaki ete, "Ye oyo abiangamaki na nsomi," mpe simana yango, mpo nini alobaki ete moto yango azalaki "moumbo na Nkolo"? Moumbu asengeli kaka kotosa Nkolo na ye. Mosali na Nzambe asalelaka Nzambe lokola Nkolo na ye, nde bongo, asengeli te kozala na makanisi ma ye moko kasi alanda kaka likanisi na Nzambe, yango oyo ezali solo.

Na bongo, tozali nsomi mpona kolanda nzela na bomoi na seko. Tozali baumbo oyo bakangama kati na solo liboso na Nzambe. Tokoki solo kozala bato na nsomi na tango tokomi baoumbo kati na solo.

mpona motuya; bokoma baoumbo na bato te. Boye bandeko, na motindo ebiangami moto na moto, atikala wana na Nzambe elongo. (7:23-24)

Mpona kopesa na biso bomoi na solo, Nzambe Asomba bison a makila na motuya na Mwana na Ye se moko na likinda Yesu. Na boye, tozali lisusu biso moko te, kasi na Nzambe. Na tango tozwi mapamboli te ezali mpo été tozali te kopesa bomoi na biso epai na Nzambe. Tokoki kozala na esengo na solo mpe bonsomi na solo mpe tokoki kotambola elongo na Nzambe kati na kofuluka na tango topesi na ye nioso tozali na yango.

Lolenge ntoma Paulo atatolaki kati na 1 Bakolinti 15 :31 kolobaka été, « Nazali kokufa mokolo na mokolo, » Tosengeli mpe kokufa mokolo na mokolo mpe tomikomisa bato na kotosaka kati na solo. Nde, Nzambe Akoki kokonza makanisi na biso mpe mabanzo. Tokokoka koyoka malamu mongongo na Molimo Mosantu mpe totambwisama na nzela na bofuluki.

"Bokoma te baoumbo na bato" elakisi te été tosengeli te kokangama na mosala na mokili oyo te.

Elakisi été tosengeli te kolanda mobeko na bato yango ekotelemelaka solo. Yesu mpe alobaki kati na Matai 10 :28, « Bobanga te bango oyo bayebi koboma nzoto nde bayebi koboma molimo te ; bobanga nde ye oyo azali na nguya na kobebisa na molimo na nzoto kati na Geena. »

Nzoto na biso ezali kaka na ngonga moko, mpe moto nioso akokufaka, kasi milimo na biso mizali seko. Boye, tosengeli te kobanga bato bango oyo bakoki koboma nzoto kasi kaka Nzambe nde Akokonzaka milimo na biso.

Na tango na Daniele, mokonzi na ye akosamaki na mayele mabe na bakonzi na ye mpe apesaka motindo mpona kopekisa moto nioso na kobondela epai na nzambe mosusu to mpe moto soko kak mokonzi na mboka ye moko mpona sanza moko. Kasi Daniele abatelaki yango te mpo ete yango ezalaki na kolandisama na solo te.

Na koyebaka été akobwakama kati na libulu na nkosi, abukaki mobeko na mboka mpona kosepelisa Nzambe. Ye abangaki bato te bango oyo bakokaki koboma nzoto, kasi abangaki kaka Nzambe na ye. Alandaki mobeko na Nzambe mpe sukasuka Nzambe Asalaka mpona bolamu na nioso.

Kati na Misala 4, tomoni esika wapi banganga Nzambe, batambwisi, bankolo, mpe bakomi na mibeko babangisaki ba ntoma na kopesaka bango motindo na koteyaka te mmpona Yesu Kristu. Kasi Petelo mpe Yoane bayanolaki na koloba epai na bango ete, "Nde Petelo na Yoane bazongiseli bango ete, 'soko ezali sembo na miso na Nzambe ete toyoka bino liboso na koyoka Nzambe, bokata likambo yango. Kasi mpona makambo mayebi biso mpe mayoki biso, tokoki kotika kosolola yango te" (et.19-20).

Balingaki koloba ete bango bakolanda Liloba na Nzambe, kasi maloba na bato te, mpo ete Nzambe Asengaki na bango ete bateya Sango Malamu kasi kobanga konyokolama te. Tosengeli te kokoma basaleli na bato, kasi totosaka kaka Liloba na Nzambe oyo Asomba bison a motuya mpe Atambwisaka bison a bomoi na seko.

Eteni 24 elobi ete, "Boye bandeko na motindo mobiangami moto na moto, atikala wana na Nzambe elongo." Nini yango elakisi? Yango elakisi ete tokoki kobika na motindo tobiangamaki. Tosengeli te koloba ete, "Nalingi kozala na molende liboso na Nzambe, mpe Nakotika mosala na ngai mpe nasala kaka mosala na Nzambe."

Tobikaki kati na Liloba na Nzambe mingi na koleka, tobimisaka solo malasi na Kristu, mpe topesa nkembo epai na Nzambe na kobikisaka milimo misusu oyo ezali na esika wapi ezalaka biso.

Ezali Malamu Mpona Moto Atikala Lolenge Ebiangamaki Yeli.

Na likambo na baseka nazali na liloba uta na Nkolo te, nde nazali kopesa bino toli lokola moto moko oyo azwi mawa epai na Nkolo mpe bongo abongi été botala epai na ye. Nabanzi ete mpona bolozi bozali koya, malamu ete moto atikala pelamoko ezali ye. (7:25-26)

Paulo alobi ete azali na motindo moko te mpona baseka. Kati na Biblia, ezala kati na Kondimana na Kala to na Kondimana na Sika, ezali na etambwisi te mpona libala na baseka. Nkolo na biso Azali mawa, sembo, mpe Atondisama na bolingo. Na komilelalela moko te, to mpe na koyoka mabe, to mpe na kozwama na motema, ata na kati na konyokolama, ntoma Paulo azalaki sembo kino na esika na kufa mpona Nkolo oyo.

Mpe Paulo oyo apesaka likanisi na ye. Mpo été ezalaki na mobeko moko te euti na Nzambe mpona ooyo etali baseka, alobaki kati na eteni elandi été, « Napesi likanisi na ngai. » Kasi azalaki koloba kolandisama na lisungi na Molimo Mosantu. Yango tina abetisaki mpe sete mpona yango, na kolobaka été, "lokola moto moko oyo azwi mawa epai na Nkolo mpe bongo abongi été botala epai na ye."

Eteni 26 elobi mpona bolozi ezali koya, malamu mpona moto atikala pelamoko ezali ye. Bandimi bayebi ete ba nkombo na bango makomami kati na buku na bomoi kati na Lola. Bango nbayebi mpe ete, na tango Nkolo Akozonga, ekozala na Monyoko Monene, Bokonzi na mbula Nkoto Moko, mpe Kosambisama na Kiti Monene Pembe. Awa, na kolobaka bolozi ekoya,' Paulo alingaki te koloba ete Nkolo Akozonga kati na mopepe na kala mingi te.

Yango ezalaka komitungisama efandi kati na moto nioso. Basusu bakufaka na ba mbula moke. Basusu, ata na ba nzoto makasi bakobikaka kaka mpona mbula ntuku motoba to ntuku mwambe. Na tango kufa na nzoto ekomeli bango, bazali na nzela mosusu te kasi batelema liboso na kosambisama na Nzambe. Na boye, kotungisama ezali mpona tango oyo epai na moto nioso, ezala epai na bango babikaki ba mbula nkoto mibele eleka mpe na ba oyo bazali kobika lelo.

Paulo alobaki ete ezali malamu moto atikala lolenge ezalelaki ye. Eteni elandi elimboli ntina nini.

Okangami na mwasi? Omeka kokangolama te. Okangolami na mwasi? Oluka mwasi te. Nde soko okobala mwasi, ozali na lokumu te. Mpe soko moseka akobalana, azali na lisumu te. Kasi baton a motindo oyo bakozala na mpasi na nzoto, mpe nalingi kokimisa bino yango! (7:27-28)

Kokangama na mwasi elakisi ete moto yango abala. Eteni 4 na chapitre oyo elobi ete mobali azali na bokonzi te likolo na nzoto na ye moko, kasi mwasi azali. Mpe lolenge moko, Mwasi azali na bokonzi moko te likolo na nzoto na ye moko, kasi mobali azali na yango. Mibali mpe basi bakangama nan kanga, na kozanga bokonzi likolo na ba nzoto na bango moko.

Kofungolama ezali kokabwana to kolongwa, nde bongo, "Ommeka kokangwama te" elakisi ete tosengeli te koluka bokabwani. Lisusu, soki tosilaka na kokabwana to mpe soki moko na biso asila kokufa, Paulo asengi na biso ete totikala lolenge ezalelaki biso."

Ya solo, ezali lisumu te mpona kobala. Ntima oyo Paulo alobaki boye ezali mpo été ye alingaki bango mingi mpenza. Mingi mingi, tokozala na kotungisama na tango tobali.

Ndakisa, soki moto atikali bongo, akoki kolinga Nzambe mpe azala sembo epai na Nzambe na lolenge elingeli ye. Akoki mpe kolandela milimo misusu na bato mpe ata na kopesa mabondeli na butu mobimba, mpo été ye akangami na moto moko te.

Kasi soki ye abala, akozala na mua mitungisi kati na bomoi mpo été ye azali na bonsomi mingi te likolo na bomoi na ye moko. Asengeli kosunga libota na ye na kosalaka makasi. Ata soki alingi kosala eloko mpona Nzambe, asengeli tango mosusu kofanda elongo na mwasi na ye mpe bana. Mingi mingi, mpona oyo etali basi, bakoki at ate komeka koyangana na lingomba na mikolo na Eyenga soki mobali azali na kondima moko te.

Bandeko nazali koloba ete ntangoo eyei mookuse, sasaipi tika ete baoyo bazali na basi bazala lokola bango bazangi basi; mpe ba oyo bazali kolela bazala lokola bango bazangi kolela mpe baoyo bazali kosepela lokola bango bazali kosepela te, mpe bango bazali kosomba, lokola bango bazali na biloko te, mpe bango bakosalisa mokili mosala bazala lolenge moko bango bazali kosalisa mokili mosala te. Mpo ete motindo na mokili

Libala 265

oyo ezali kolimwa. (7:29-31)

Eteni oyo elimboleli biso malamu bomoi na lolenge nini esengeli na bandimi kobika na tango wapi Kozonga na Nkolo esili kokoma pembeni.

Elobi ete, "Bango yo bazali na basi bazala lkola bazali na bango te." Elakisi te ete tosengeli na kokabwana! Kasi, ata soki moko akangami na mwasi na ye, esengeli te kozala na eloko esika wapi azali kosala te nini esengelaki ye kosala mpona Nzambe mpo ete azali kolandelaka mingi mwasi na ye. Asengeli kopesa oyo esengelaki ye kopesa epai na Nzambe, nde asenge;I mpe kozala sembo epai na libota na ye. Asengeli kokokisa mosala na ye na mobali. Kasi asengeli te kotia mwasi na ye liboso na Nzambe.

Yango elobi mpe ete, "…baoyo bazali kolela bazala lokola bango bazangi kolela." Ata soki mpinzoli ezali mingi, mawa, mpe ba pasi na mokili oyo tosengeli kosepelaka mpe kopesa matondi na elikya na bokonzi na Likolo ata kati na mimekano mpe minyokoli. Tosengeli kobika kati na ngolu na nzambe kobongisaka mafuta na biso. Bongo, nini yango elakisi na ete "bango bakosepelaka lokola ezali bango kosepela te." Toloba ete bino bozwaki mapamboli mpe bosepeli. Kasi soki bokeyi epai na moto oyo azali kolela mpe botalisi kosepela na bino na kolobaka ete bino bozwaki mapamboli, nde bongo moto yango akoki ata kolela na koleka. Na boye, tosengeli na kokeba kati na komonaka makambo.

Nde sima elobi ete, "…mpe bango bazali kosomba lokola bazali na biloko te." Elakisi été bango oyo bazali na bozwi na mokili basengeli te komeka kotalisa été bango bazali na bozwi. Ata soki tozali na bozwi mingi mpenza, ekokoma eloko moko te na tango Nkolo Azali kozonga. Tosengeli te kobeta tolo na biloko oyo mizali kobeba mpe mikolimwaka ; tosengeli na kosepela na biloko tozali na yango mpe tozala sembo liboso na Nzambe.

Lolenge ezali biso kopusanaka mpona Bozongi na Nkolo, bango oyo bakosalelaka biloko na mokili oyo basengeleli kozala lolenge moko na bango oyo bazali kosalela yango te. Biloko mingi na mokili oyo mikosalelama mpona bosambeli na bikeko, komitalisa, komisepelisa, mpe kobeta na masano na misolo, mpe mana nioos mazali sembo te liboso na Nzambe.

Na bongo, tosengeli kozala na komikangaka mpona makambo mana nioso. Tosengeli te kobika na biloko na motuya koleka oyo ememaka bandeko kati na kondima été bakweya. Lisusu, soki moto amikotisi na biloko motuya eleka na tango makoki na kozwa yango mamonani malamu, bato bakotalaka yango bobele pamba.

Ntina oyo tosengeli kosala makambo nioso na likolo ezali mpo été makambo nioso kati na mokili mikolekaka. Biloko nioso na mokili ezali pamba, mpe sukasuka ikobebaka. Tokoki te kokamata eloko moko na mosuni elongo na biso na mokili oyo na tango Nkolo Abengi molimo na biso. Biloko nioso mikozongaka na eloko te. Soki nkita mpe bofuluki oyo ezali biso kosepela ekomema basusu ete bakweya, ezali malamu te ete tobatela biloko mana.

Nalingi ete bokangolama na mikakatano. Moto oyo abali te akotiaka motema na makambo na Nkolo ete asepelisa Nkolo boni. Nde moto oyo abali akotiaka motema na makambo na mokili ete asepelisa mwasi na ye boni, mpe motema na ye ekabwani. Mwasi to moseka oyo abalani te, akotiaka motema na makambo na Nkolo ete azala bulee na nzoto mpe na molimo. Kasi mwasi oyo abalani akotiaka motema na ye na makambo na mokili oyo ete asepelisa mobali na ye boni. (7:32-34)

Nkolo Alobi kati na Luka 16:13 ete, "...Bokoki te kosalela Nzambe mpe Nkita." Yango elakisi na biso ete tosengeli te kozala na makanisi mibale. Mobali oyo abala te azali na makoki na kolanda kaka Nzambe. Akolekisa tango na ye na koseppelisa nzotoo mpona kosepelisa Nzambe mpe kosalaka mpona bokonzi na Nzambe mpe bosembo na yango.

KKasi na tanngo ye abali, asengeli kolandela libota na ye mppe biloko misusu na mokili oyo, nde ekozala pasi na koleka mpona ye kozala sembo epai na Nzambe.

Mpona oyo etali basi, bakufeli mibali to mpe banzemba, bango mpe bakokoka komipesa mpenza kati na kosepelisaka Nzambe kati na ba bomoi na bango. Bakoki kobunda mmpona kobika bomoi bulee na komekkaa komibongisa lokola basin a libana na Nkolo.

Kasi na tango bango babali, mitema na bango mikabolami. Basengeli kolandelaka makambo na lolenge mana lokola kosepelisa mibali na bango, komonana malamuu na nzoto na miso na bato, mpe bbazwa bolingo mpe kotala nay ye. Ya solo, elakisi te makambo mana mazali mabbe. Mwasi asengeli kosalka bongo. Soki akoki ekozala malamu mingi mmpona ye kozwa bolingo na mobali na ye mpe asala libota na esengo.

Nazali koloba oyo epai na bino bobele mpona bolamu na bino, ezali mpona kokanga bino na nkkamba te, kasii na ntina ete botambolaka kati na nngolu mpe ete botalelaka Nkoloo nna motema mobimba. (7:35)

Paulo alobeli mpona ba kokoso na moto oyo abali, mpe sik'awa na eteni oyo, alobi ete ekozala malamu ete tomibonzaka epai na Nkolo na kozanga Pamela soko nini to mpe mbeba na elikya mpona mpe na koyebaka mpona mmabonza kati na Bookonzii na Lola.

Paulo alobaki makambo mana mpona komemela biso mikumba te, kasi ezala mpona bolamu na biso moko. Alimboli nini ezali malamu na koleka mpe mpona nini. Koobala ezali lisumu te, mpe soki bozali na bosenga na kobala, bosengeli te kotika eteni na likolo ekanga bino minyololo.

Ya solo, soki solo bososoli bolingo na Nzambe na mozindo na motema na bino mpe soki bokopesaka mpenza matondi mpona yango, Nzambe Akoyamba na esengo na tango bokobikaka kaka mpona Ye moko. Soki bozali kosalela Nzambe mpe na tango moko mokili, bokozala na mislaa mingi mpe na makanisi misusu. Yango tina kati na bosembo ntoma Paulo alimbolaki na tango ezalaki ye kopesa mokano na Nzambe epai na biso.

Mpona Likambo na Baboti na Mwana Mwasi Moseka to mpe mpona Basi Bakufela Mibali

Soko moto akanisi ete azali kosala malamu epai na mwana mwasi na ye te, soko mpe mwana yango akomi mokolo, soko likambo limonani malamu, asala lokola elingi ye. Ezali lisumu te; babalana. Kasi ye oyo ayebi na solo na motema na ye wana epusami ye ten de akangi mposa ye ngwi mpe akani boye na motema na ye, soko abateli ye lokola moseka mobandami, ezali kosala malamu. Boye ye oyo akobalisa moseka molingami na ye te malamu na koleka. (7:36-38)

Paul azali koloba na tata oyo azali na mwana mwasi oyo asili kokoma mokolo ekoki mpona kobala. Tata azali na etape kati na kondima ekola mpe alingi te mwana na ye na mwasi kobala. Kasi Paulo mpe alimboli likambo esika wapi kotelemela ezali mpona likanisi na tata oyo na kolobaka ete,"...soki moto akanisi ete azali kosala malamu te epai na mwana na ye na mwasi moseka."

Ndakisa, mama na mwana mwasi abetisi sete ete mwana na bango na mwasi abali to mpe mwana mwasi yango alingi kobala. Boye, na kondima na tata na ye alingi te ye akoka kobala. Kasi na tango ezali na makambo misusu mayei, konyokolama, to mimekano na tata likolo na mwana na ye na mwasi abali te, boye, ezali malamu ete atika ye abala, mpo ete ezali lisumu te mpona kobala.

Kokesana na yango elimbolami kati na eteni 37. Tata oyo azali na mwana mwasi moseka azali na kondima na ngwi mpe alingi abetisa sete mpona mwana na ye atambola na nzela na kopambolama. Ezali na situation mosusu te, konyokolama moko te, to momekano. Na esika oyo, kozala na nse na kopusama moko te, soki ye azali na nguya likolo na mposa na ye moko mpe akati mpona kobatela mwana mwasi na ye moko moseka, ye asali malamu.

Lelo, baboti bakoki kozala mpe na nguya yango te, kasi na kalakala, bato bazalaki kobala kolandisama mokano na baboti na bango. Kasi, lelo, likanisi na mwana ekolekaka likanisi na baboti na ye. Ezali malamu na koleka kati na kondima mpona kobatela mwana mwasi moseka, kasi bosengeli te komitungisa mpona yango. Ezali kaka malamu koleka na miso na Nzambe été mwana mwasi se moko atikala lolenge azali. Ezali lisumu to mpe mbeba été abala te.

Mwasi akangami na mobali na ye nan tango wana ezali ye na bomoi. Soko mobali akokufa, akokangwa ete abalana na ye oyo elingi ye, kasi kati na Nkolo. Nde na makanisi na ngai, akozala na esengo na koleka soko akotikala lokola ezali ye. Nabanzi ete ata ngai nazali na Molimo na Nzambe. (7:39-40)

Na tango mwasi abali, lokola kati na 1 Bakolinti 7:4, ye akangami na mobali na ye. Kasi soki mobali akufi, azali na bonsomi na kobala lisusu. Kasi yango esengeli kkaa kosalema kati na Nkolo, oyo elakisi asengeli kozwa mobali yango kati na bandimi. Mondimi asengeli kozwa mwasi to mobali na ye kati na bandimi. Mingi elobami mpona yango kati na Kondimana na Kala mpe Kondimana na Sika.

Basusu balobaka été, « Bongo ezalaka malamu te mpona mondimi akutana na mopagano mpe amema moto yango epai na nzambe ? » Soki yango ekoki kosalema, nde ekozala malamu mingi. Kasi kati na makambo mingi, yango esalemaka te.

Mbala moko, mondimi mwasi akutanaki na ngai. Ye azalaka koyangana na limgomba na liboso na ye kobala, mpe na tango mobali na ye asengaka na ye libala, ye mobali azalaka mondimi te. Boye aboyaka ye na kolobaka été akokaki te kobala mopagano. Boye, mobali yango mpe ayaka kobanda na koyaka na lingomba mpe sukasuka, bango babalanaka.

Kasi ye abongolaki makanisi sima na bango kobalana mpe atikaka koyaka na ligomba. Lisusu, esiki kaka wana te nde ye atikaki koyangana, kasi anyokolaki mwasi na ye mpona koyaka na lingomba mpe lokola. Ezalaki likambo na mawa mingi.

Moyini zabolo mpe Satana bakopusaka bato pembeni na biso mpona kolongola kondima na biso. Lokola nkosi konguluma zabolo alukaka moto na kolia. Soko kaka totelemi likolo na libanga na kondima, tokoki kokosama na Satana mpe kati na komisangisa, mpe tokoki ata kologwa na Nzambe.

Eteni 40 elimboli nzela nini ezali malamu koleka. Tozali na bonsomi na kopona soko to mpe te mpona kobala, kasi ezali malamu kosala yango kati na Nkolo. Kasi eteni elobi été ezali malamu mpona bango oyo bazali na bolingo mpe na kolinga Nzambe batikala lolenge ezali bango.

Lisusu, ntima wapi Paulo alobaki été, "Nabanzi été Nazali mpe na Molimo na Nzambe, » ezali mpo été bato bakokaki kokanisa été azalaki kaka likanisi na Paulo ye moko, mpo été alobaki nabanzi'.

Eteni oyo ezali na ba limbola mibale mpona kolanda. Liboso ezali été : "Nazwa Molimo Mosantu, mpe Ngai nazali koloba kolandisama na Molimo Mosantu. » Mosusu ezali été : "Ngai nabonzama mpe na Nzambe na kozanga kobala. Napona oyo eleki malamu kolandisama na mokano na Molimo Mosantu."

Mokomi:
Dr. Jaerock Lee

Dr. Jaerock Lee abotamaki na Muan, Province na Jeonnam, Republique na Coree, na 1943. Na ba mbula zomi na mibale na ye, Dr.Lee abelaki na ba bokono kilikili ezanga lobiko ba mbula sambo mpe azalaka kaka kozela liwa na elikya moko ten a kozongela nzoto malamu. Kasi mokolo moko na tango na moi moke na 1974 amemamaka na egelesia epai na ndeko na ye na mwasi mpe na tango afukamaka mpona kobondela, Nzambe na bomoi Abikisaki ye na mbala moko na ba bokono na ye nioso.

Kobanda tango akutanaka na Nzambe na bomoi na nzela na likambo wana malamu, Dr. Lee alinga Nzambe na motema na ye mobimba mpe solo mpenza, mpe na 1978 abiangamaka kozala mosali na Nzambe. Abondelaka makasi na ebele na kokila bilei mpo ete akoka kososola malamu mpenza mokano na Nzambe, akokisa yango na mobimba mpe atosa liloba na Nzambe. Na 1982, abandisaki Egelesia Manmin Centrale na Seoul, Coree, mpe ebele na misala na Nzambe, ata lobiko na bikwama, bilembo na bikawiseli, ezala kosalema na egelesia na ye wuta tango wana.

Na 1986, Dr. Abonzamaka lokola Pasteur na mayangani na mbula na Yesu Egelesia Sungkyul na Coree, mpe ba mbula minei na sima na 1990, mateya ma ye mabanda kotalisama na Australie, Rusie, mpe ba Philippines. Kaka sima na tango moke ba mboka mingi koleka mabandaki na nzela na Companie de Radiodiffusion na Asia, Station na Radiodiffusion na Asia, mpe Système na Radio Chretienne na Washington.

Sima na mbula misato, na 1993, Egelesia Centrale Manmin eponamaki lokola moko kati na ba "Egelesia 50 maleki likolo na Mokili" na Magazine na Bakristu na Mokili Mobimba (US) mpe azwaki Doctora Honorius Causa na Bonzambe na College na Bakristu mpona Kondima, na Floride, America, mpe na 1996 azwaki Ph. D. na Mosala na Nzambe na Seminaire Theologique Kingsway, na Iowa, America.

Wuta 1993, Dr. Lee abanda kopanzana na mokili mobimba na nzela na ebele na ba croisade ebele na mokili ata na Tanzanie, Argentine, L.A., Baltimore cite, Hawai, mpe New York na America, Uganda, Japon, Pakistan, Kenya, ba Philippine, Honduras, Inde, Rusie, Allemagne, Peru Republique Democratique na Congo mpe Yisalele. Na 2002 andimamaki lokola "Moko na ba Pasteur Monene na Mokili Mobimba" mpona mosala na ye na nguya makasi na ba magazine minene na Coree mpona mosala na ye na ebele na ba Croisade uinie Mokili Mobimba. Kobanda na mars 2010 Lingomba Manmin Centrale ezali na etonga na bandimi koleka 100,000.

Ezali na 9,000 na ba branches na mangomba kati na mboka mpe na mikili na bapaya kati na mokili, mpe kino awa ba missionaire na koleka 131 batindama na ba mboka 23, ata na America, Rusise, Allemagne, Canada, Japon, Chine, France, Inde, Kenya, mpe mingi koleka.

Na mokolo na kobimisa buku oyo, Dr. Lee akoma ba buku 59, at aba chef d'ouevre Gouter la vie eternal avant la mort, Ma vie ma foi I & II, Sango na Ekulusu, Bitape kati na kondima, Lola I na II, Lifelo, mpe Nguya na Nzambe. Misala ma ye mibongolisama na ba nkoto koleka 44.

Makomi ma ye na Bakristu ebimisamaka na. Hankok Ilbo, the JoongAng daily, chosun Ilbo, Dong-A Ilbo, Munhwa Ilbo, Seoul Shinmun, Kyunghyang Shinmun, Hebdomadaire Economique Coreene, Herald na Coree, Ba Sango Shisa, Presse Chretienne.

Sasaipi Dr. Lee azali mokambi na ebele na ba organization na ba missionaire mpe association. Position na ye esangisi ata: President na : Lisanga na ba Egesia na Yesu Christu mpona Kobulisama ; President : Mission Manmin na Mokili Mobimba ; President Permanent na, Associatin Mondiale mpona Bolamuki na Bakristu, Monbandisi mpe Mokambi na Board, Reseau Mondiale na Bakristu (GCN) ; Mobandisi mpe mokambi na Board, Reseaux Mondiale des Medecins Bakristu ; mpe Mobandisi mpe President na Conseil D'Administration, Seminaire International Manmin (MIS).

Other powerful books by the same author

Heaven I & II

A detailed sketch of the gorgeous living environment the heavenly citizens enjoy and beautiful description of different levels of heavenly kingdoms.

The Message of the Cross

A powerful awakening message for all the people who are spiritually asleep In this book you will find the reason Jesus is the only Savior and the true love of God.

Hell

An earnest message to all mankind from God, who wishes not even one soul to fall into the depths of hell! You will discover the never-before-revealed account of the cruel reality of the Lower Grave and hell.

Tasting Eternal Life Before Death

A testimonial memoirs of Dr. Jaerock Lee, who was born gain and saved from the valley of death and has been leading an exemplary Christian life.

The Measure of Faith

What kind of a dwelling place, crown and reward are prepared for you in heaven? This book provides with wisdom and guidance for you to measure your faith and cultivate the best and most mature faith.

www.urimbooks.com

www.ingramcontent.com/pod-product-compliance
Lightning Source LLC
LaVergne TN
LVHW021235080526
838199LV00088B/4352